Jacques Freyssinet

LE CHÔMAGE

nouvelle édition

Éditions La Découverte
1, place Paul-Painlevé, Paris Ve
1989

Si vous désirez être tenu régulièrement informé de nos parutions, il vous suffit d'envoyer vos nom et adresse aux Editions La Découverte, 1, place Paul-Painlevé, 75005 Paris. Vous recevrez gratuitement notre bulletin trimestriel **A la découverte.**

ISBN 2-7071-1478-2

Les grandes questions internationales

LA COLLECTION "REPÈRES"

(suite)

Le travail et l'emploi face à la crise

Le chômage, Jacques Freyssinet (n° 22).
Les coopératives de production, Danièle Demoustier (n° 20).
L'emploi en France, Dominique Gambier et Michel Vernières (n° 68).
L'ergonomie, Maurice de Montmollin (n° 43).
La formation professionnelle continue, Claude Dubar (n° 28).
Les nouvelles politiques sociales du patronat, Pierre Morville (n° 30).
La réduction de la durée du travail, Gabriel Tahar (n° 34).
Les retraites, Edgard Andréani (n° 47).
La santé et le travail, Denis Duclos (n° 17).
Le syndicalisme face à la crise, René Mouriaux (n° 50).
Travail et travailleurs au Chili, Cecilia Casassus Montero (n° 26).
Travail et travailleurs en Grande-Bretagne, François Eyraud (n° 32).

Les enjeux des nouvelles technologies

Les biotechnologies, Chantal Ducos, Pierre-Benoît Joly (n° 61).
La bureautique, Éric Verdier (n° 2).
Les énergies nouvelles, Philippe Barbet (n° 10).
La guerre des étoiles, Carlos de Sa Rêgo, F. Tonello (n° 40).
Informatique et libertés, Henri Delahaie, Félix Paoletti (n° 51).
L'informatisation et l'emploi, Olivier Pastré (n° 1).
Le nucléaire, Jean-Pierre Angelier (n° 6).
La robotique, Benjamin Coriat (n° 12).
Les télécommunications, Bruno Aurelle (n° 42).

La France d'aujourd'hui

Les associations, Solange Passaris, Guy Raffi (n° 25).
Les cheminots, Georges Ribeill (n° 18).
Le commerce extérieur de la France, Françoise Milewski (n° 71).
Le comportement électoral des Français, Colette Ysmal (n° 41).
La consommation des Français, Nicolas Herpin et Daniel Verger (n° 67).
La décentralisation, Xavier Frège (n° 44).
L'immigration, Albano Cordeiro (n° 8).
L'industrie automobile, Géraldine de Bonnafos et *alii* (n° 11).
Les jeunes, Olivier Galland (n° 27).
Les médecins, Michel Arliaud (n° 59).
La presse en France, Yves Guillauma (n° 63).
La protection sociale, Numa Murard (n° 72).
Les policiers, Pierre Demonque (n° 13).
La population française, Jacques Vallin (n° 75).
Les revenus en France, Yves Chassard, Pierre Concialdi (n° 69).
La science économique en France, collectif (n° 74).
La sociologie en France, collectif (n° 64).
La télévision, Alain Le Diberder, Nathalie Coste-Cerdan (n° 49).
Les travailleurs sociaux, Jacques Ion, Jean-Paul Tricart (n° 23).

La collection Repères *est animée par Jean-Paul Piriou, avec la collaboration de Marcel Drach, Annick Guilloux, Hervé Hamon et Michel Wieviorka.*

Introduction

Le chômage, source de scandale et source de conflits

Des dizaines de millions de chômeurs dans le monde aujourd'hui, c'est avant tout une source de *scandale*. D'abord un scandale individuel, pour ceux qui cherchent vainement un emploi et se trouvent rejetés dans une situation d'infériorité. Cette infériorité, ils ne la ressentent pas seulement dans le niveau de leurs revenus ; ils la perçoivent surtout comme une exclusion qui perturbe aussi bien leurs relations avec leur environnement immédiat que leur équilibre et leur développement personnel. Scandale à l'échelle sociale ensuite : comment des systèmes économiques qui sont loin d'assurer à tous un niveau acceptable de satisfaction des besoins, surtout si l'on se place au niveau mondial, peuvent-ils gaspiller des quantités aussi considérables de capacités de travail, c'est-à-dire de capacités de production ? N'est-ce pas la manifestation d'une irrationalité intolérable alors que ces sociétés ont atteint des niveaux élevés d'organisation institutionnelle et de développement technique ?

Une telle situation est nécessairement génératrice de *conflits*. Ce sont en premier lieu les conflits sociaux nés des licenciements collectifs ; ils sont d'autant plus acharnés que les perspectives de reclassement sont médiocres. Ce sont ensuite les conflits liés à l'indemnisation des chômeurs ; son coût financier croissant met en danger les mécanismes de couverture sociale du chômage ; la chasse aux « faux chômeurs » est un paravent commode pour substituer au principe de solidarité celui de l'assistance sous contrôle. Enfin, la montée du chômage est génératrice de tensions sociales et raciales, ainsi que d'affrontements politiques dont nous mesurons mal la gravité potentielle.

Cette évolution paraît d'autant plus aberrante que les pays capitalistes industrialisés avaient cru, en s'inspirant des analyses de John Maynard Keynes, pouvoir éliminer durablement la menace d'un chômage massif. Ils y étaient parvenus, dans une large mesure, pendant le quart de siècle qui a suivi la Seconde Guerre mondiale. Or, depuis une quinzaine d'années, ils traversent, surtout en Europe occidentale, une situation de chômage massif qui est d'une nature différente de celles connues antérieurement lorsque des crises cycliques entraînaient une poussée de chômage, brutale mais de durée limitée. L'idée qu'il existe un taux de chômage « naturel » inéliminable est de plus en plus couramment admise.

Il faut donc s'interroger sur les conditions historiques spécifiques qui ont pu engendrer une telle situation.

Le chômage, un phénomène daté et localisé

Chômage et salariat

Toute collectivité humaine doit, pour assurer la couverture des besoins de ses membres, mettre en œuvre leurs capacités de travail, c'est-à-dire leur capacité d'utiliser et de transformer leur environnement naturel afin de produire des biens matériels et des services utiles. De multiples facteurs peuvent expliquer que la mobilisation de ces capacités de travail ne soit pas totale ; une telle sous-utilisation s'observe, sauf périodes exceptionnelles, dans tous les systèmes sociaux que l'histoire nous permet d'observer. Elle ne suffit pas pour définir l'existence du chômage, situation dans laquelle un individu est à la recherche d'un emploi et n'en trouve pas. Le chômage ne naît que dans des formes spécifiques d'organisation sociale caractérisées par la généralisation du salariat comme forme dominante de mise en œuvre du travail rémunéré. L'apparition du chômage suppose donc réunies plusieurs conditions :

— le chômage implique une coupure entre temps de travail social, destiné à procurer un revenu, et temps de travail privé ou domestique, destiné à la satisfaction directe des besoins des membres du groupe familial. Le chômage n'est pas l'oisiveté ; une mère de famille en chômage peut avoir une charge de travail élevée. De ce fait, toutes les fois que l'activité économique s'organise dans le cadre de rapports de parenté (tel est le cas par exemple de l'exploitation familiale agricole), les tâches seront réparties entre les membres du groupe sans que les fluctuations du niveau d'activité puissent conduire à la mise en chômage de certains d'entre eux. La variation de leurs temps de travail respectif, et donc du niveau de satisfaction des besoins, sert de régulateur ; travail social et travail privé sont constamment imbriqués dans l'activité concrète ;

— l'apparition du chômage suppose que le travail social soit l'objet d'un échange marchand, c'est-à-dire que le travailleur vende sa force de travail à un employeur. C'est le fait de ne pas trouver un acheteur pour sa force de travail qui définit le statut du chômeur ; il n'y a pas de chômage lorsque le travail social est organisé dans le cadre de rapports de soumission personnelle ou collective : un esclave ou un serf ne sont pas menacés par le chômage. Dans un autre contexte, il n'y a pas de chômage pour des travailleurs indépendants qui disposent de leurs propres instruments de travail ; leur niveau d'activité et de revenu varie selon la possibilité qu'ils ont de vendre le produit de leur travail, et non pas leur force de travail.

Le chômage naît avec la généralisation du salariat ; dans ce cadre, le travailleur ne dispose pas d'autre possibilité de participation au travail social, et donc de perception d'un revenu, que l'obtention d'un emploi salarié.

L'histoire du chômage est donc celle de l'extension du salariat, autrement dit celle de l'extension du mode de production capitaliste. Le XIXe siècle est, de ce point de vue, révélateur de trois mécanismes principaux qui déversent sur le marché du travail des catégories nouvelles de demandeurs d'emploi :
— la destruction des formes de production précapitalistes (agriculture familiale, artisanat, petit commerce) « libère » une main-d'œuvre qui ne peut trouver de solution alternative que dans la recherche d'un travail salarié ;
— les périodes de réduction du salaire réel rendent le travail du chef de famille insuffisant pour couvrir les besoins d'une famille ouvrière ; ils contraignent donc d'autres membres de la famille (femmes, enfants), à se présenter sur le marché du travail ;
— enfin, le rythme et les modalités d'accumulation du capital peuvent dans certaines phases devenir destructeurs d'emploi, soit par des crises cycliques qui provoquent la chute du niveau d'activité, soit par l'introduction de techniques plus mécanisées qui réduisent les besoins de main-d'œuvre.

La combinaison de ces trois mouvements engendre un volant de chômage permanent mais d'ampleur variable qui, dans un marché du travail fortement concurrentiel, permet d'exercer une pression sur le niveau des salaires et les conditions de travail.

Encore faut-il souligner que l'identification du chômage en tant que « statut » social et situation statistiquement mesurable ne se réalise que progressivement. Elle suppose une double condition :
— l'impossibilité de repli sur des activités « précapitalistes » ou sur des formes de travail domestique ;
— l'apparition d'institutions spécialisées, bureaux de placement ou mécanismes d'assurance-chômage, qui créent un intérêt à se déclarer comme chômeur.

Aussi longtemps que les chômeurs sont privés de tout droit

et de tout revenu, aussi longtemps qu'ils sont victimes d'un opprobre social qui les désigne comme paresseux ou incapables, ils n'ont aucun avantage à faire reconnaître leur situation. Une large partie d'entre eux cherchera des palliatifs dans des statuts non salariés ou encore, en l'absence de possibilités d'emploi, se maintiendra formellement dans la population inactive, cela concernant surtout les jeunes et les femmes. Cela explique que, si nous disposons de nombreuses descriptions de la situation des chômeurs au XIXe et au début du XXe siècle, il n'existe en revanche aucune mesure statistique satisfaisante du phénomène pendant cette période.

Une étude récente [9] [1] montre que les mécanismes de camouflage du chômage restaient encore importants dans la période de l'entre-deux-guerres. Entre 1931 et 1936, en France, le nombre des emplois diminue de 1,8 million ; or, le chômage mesuré ne s'accroît que d'environ 400 000 personnes. Bien plus, si l'on compare la situation dans les différents départements, il n'apparaît aucune corrélation entre la variation du nombre des emplois et celle du niveau du chômage. Une analyse de données montre que le chômage est principalement associé au degré d'industrialisation et d'urbanisation des différents départements. C'est l'émergence du salariat comme forme unique et irréversible d'utilisation de la force de travail qui détermine l'apparition du chômage comme une position sociale « reconnue ».

Et ailleurs... ?

Associer le développement du chômage à celui des économies capitalistes n'implique pas que l'on néglige le fait, statistiquement évident, que ces économies ont manifesté une capacité vigoureuse, quoique irrégulière, à créer des emplois. Il n'implique pas non plus que l'on ignore les formes de sous-utilisation des capacités de travail observables pour d'autres niveaux de développement économique ou dans d'autres formes d'organisation sociale.

1. Les chiffres entre crochets renvoient aux références bibliographiques rassemblées à la fin du livre.

Les *pays du tiers monde* connaissent de telles formes à un degré élevé. Elles se manifestent toutefois selon des modalités radicalement différentes. Ce que les économistes y désignent par les termes de sous-emploi ou de chômage déguisé correspond à une tout autre réalité : elle résulte du fait que, tant dans le secteur rural que dans le secteur urbain, une fraction importante de la main-d'œuvre est maintenue dans des occupations, principalement non salariées, pour lesquelles la durée du travail utile ou la productivité du travail sont anormalement faibles, voire quasi nulles. Le chômage à l'état pur n'est pas inexistant, mais il ne constitue qu'un aspect secondaire ; pour les raisons indiquées plus haut, les chômeurs, dépourvus de toute protection et de toute ressource, ne peuvent se maintenir durablement dans une telle situation. Ce sont donc les formes d'activités dites traditionnelles ou la prolifération de statuts plus ou moins parasitaires qui absorbent l'essentiel des capacités de travail excédentaires.

Les *économies socialistes*, quant à elles, ont érigé le travail en droit et en devoir pour l'ensemble de leur population ; leur expérience historique est plus marquée par des pénuries que par des excédents de main-d'œuvre. Même si l'apparition récente du chômage dans certaines d'entre elles mérite réflexion, les problèmes de sous-utilisation des capacités de travail s'y posent principalement de façon différente : ils résident dans les difficultés que rencontrent ces économies pour organiser une allocation efficace de la force de travail entre les différents secteurs d'activité et pour obtenir des niveaux de productivité satisfaisants. Certains auteurs ont utilisé le terme de chômage déguisé. Quel que soit le vocabulaire retenu, il importe de souligner que le problème est de nature différente : il s'agit d'un gaspillage diffus de forces de travail, touchant des catégories de main-d'œuvre titulaires d'un emploi stable et non de l'exclusion d'une fraction de la population active, privée d'emploi. On peut discuter des coûts économiques et sociaux respectifs des deux mécanismes ; il n'est pas possible de les confondre [2].

---

2. Voir sur ce point SAPIR J., *Travail et travailleurs en URSS*, collection « Repères », La Découverte, Paris, 1984.

Cette brève réflexion historique explique que, d'un point de vue théorique, nous définissions le chômage comme une forme de sous-utilisation des capacités de travail spécifique des économies capitalistes développées, c'est-à-dire de celles dans lesquelles un rapport salarial de marché s'est généralisé. Pour les mêmes raisons, nous limiterons désormais l'analyse à la seule période contemporaine.

Première partie

L'hétérogénéité du phénomène

La violence des controverses qui se développent périodiquement sur l'évaluation du nombre de chômeurs, sur l'importance du « chômage camouflé » ou, à l'opposé, des « faux chômeurs » a pour résultat de déformer la perception que l'on peut avoir du phénomène. Elle laisse supposer en effet qu'il serait possible de mesurer le chômage par un chiffre « objectivement » déterminé, qu'il existe une frontière nette entre ceux qui sont chômeurs et ceux qui ne le sont pas et que, finalement, le problème du chiffrage est essentiel. A l'opposé, nous voudrions montrer que l'essentiel du phénomène tient dans l'hétérogénéité de son contenu, dans l'indétermination de ses frontières, dans la diversité des statuts des chômeurs et de l'impact qu'exerce le passage par le chômage sur leur destin individuel.

L'évaluation globale du chômage est importante pour l'analyse et pour la politique macro-économique ; elle est d'un intérêt réduit pour comprendre la nature du phénomène et la situation des chômeurs.

I / Frontières et marges

Le découpage statistique de la population en trois catégories : les actifs occupés, les inactifs et les chômeurs engendre de multiples difficultés de définition. Au-delà, il risque de conduire à une conception réductrice du chômage. D'une part, il laisse ignorer les chevauchements qui s'opèrent entre ces trois catégories ; leur ampleur croissante constitue, tout autant que l'augmentation du chômage, une caractéristique de la crise. D'autre part, une définition résiduelle du chômage comme écart entre ressources et besoins de main-d'œuvre conduit à négliger l'ampleur des interactions qui s'exercent dans l'évolution respective de l'emploi, du chômage et de l'inactivité.

1. Définition et mesure

Une partition de la population active

L'identification des chômeurs résulte des réponses données à deux questions successives : une personne occupe-t-elle ou non un emploi ? Si la réponse est non, recherche-t-elle ou non un emploi ? Sur cette base, la population totale est découpée en trois sous-ensembles selon le schéma suivant :

COMPOSITION DE LA POPULATION TOTALE

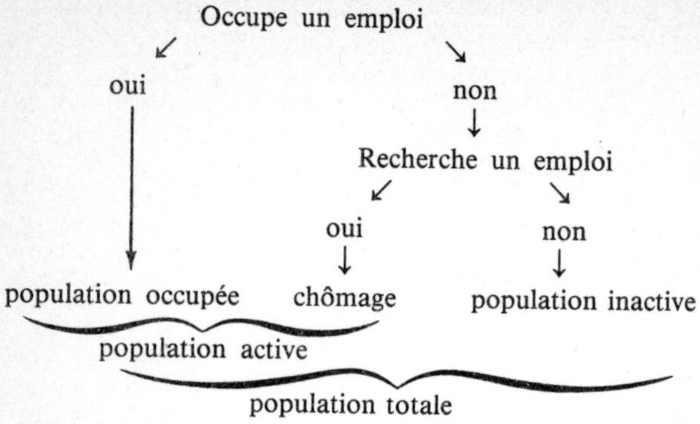

Ainsi apparaît une première difficulté dans la définition du chômage : celle-ci repose sur la combinaison d'un critère de situation, le fait de ne pas occuper d'emploi, et d'un critère de comportement, le fait de rechercher un emploi. L'appréciation du premier peut être objective ; celle du second contient nécessairement une part de subjectivité.

Les trois conditions de l'INSEE [1]

En 1954, une conférence internationale des statisticiens du travail adopta une définition du chômage qui fut modifiée en 1982 et dont l'interprétation reste délicate. Pour simplifier, l'INSEE a retenu trois conditions :
— être sans travail, c'est-à-dire dépourvu d'un emploi salarié ou non salarié ;
— être disponible pour travailler dans un emploi salarié ou non salarié ;
— être à la recherche d'un travail.

La première et la troisième conditions reprennent les critères énoncés plus haut. Elles impliquent une précision importante : seul est pris en compte le travail qui fait l'objet d'une rémunération. Cela est cohérent avec les définitions de l'activité et de l'inactivité : elles ne reposent pas sur un

1. Institut national de la statistique et des études économiques.

clivage entre travail et absence de travail, mais sur un clivage entre travail rémunéré et travail non rémunéré. Un travail non rémunéré, si intense soit-il, ne fait pas sortir de la population dite « inactive ». Chômage ne signifie pas absence de travail mais absence d'emploi rémunéré.

La seconde condition apporte une restriction additionnelle : le chômage implique un potentiel de travail inutilisé ; il faut donc que le chômeur soit en état de travailler, critère ambigu puisqu'il peut désigner une aptitude au travail ou une disponibilité immédiate pour le travail. Nous y reviendrons plus loin.

Approximations, erreurs, manipulations...

Périodiquement renaissent des controverses sur la validité et l'honnêteté de la mesure statistique du chômage. C'est un débat complexe dont la difficulté a été bien mise en évidence par le rapport « Sur les statistiques de l'emploi et du chômage » présenté en juillet 1986 par Edmond Malinvaud [11]. Pour simplifier, disons que l'imprécision résulte principalement de l'imperfection des instruments de mesure et de l'incertitude des définitions. La marge ainsi créée constitue inévitablement une source de tentation pour le pouvoir politique.

Les instruments de mesure du chômage, en France comme dans la plupart des pays industrialisés, sont au nombre de deux : des enquêtes par sondage auprès de la population et l'enregistrement des demandeurs d'emploi dans les organismes chargés du placement. L'« enquête sur l'emploi » effectuée chaque année depuis 1968 par l'INSEE est considérée comme la source la plus rigoureuse. Elle présente un inconvénient important : son caractère annuel ne permet pas de suivre les évolutions conjoncturelles ou saisonnières. Les statistiques de l'ANPE (Agence nationale pour l'emploi) offrent l'avantage d'être connues chaque mois et d'être exhaustives. Elles présentent l'inconvénient majeur de refléter autant les variations des conditions d'activité de l'établissement que celles du chômage proprement dit (voir sur ces points l'encadré sur « la mesure du chômage »).

Quelle que soit la qualité de l'instrument, la validité de la

La mesure du chômage : les sources

1. Données nationales

Il existe en France deux sources principales de mesure du chômage.

L'enquête sur l'emploi

• *Méthodologie.* — L'enquête est réalisée par l'INSEE auprès d'un échantillon représentatif de ménages ; l'enquêteur remplit un questionnaire détaillé sur la base des déclarations faites par l'un des membres du ménage.

• *Périodicité.* — Quatre séries d'enquêtes ont été réalisées :
— de 1962 à 1967, annuellement, alternativement en octobre-novembre ou février-mars sur deux échantillons distincts,
— de 1968 à 1974, annuellement en mars,
— de 1975 à 1981, annuellement en mars et, à partir de 1977, une deuxième fois en octobre sur un échantillon distinct,
— depuis 1982, annuellement en mars.

• *Concepts.* — De 1968 à 1981, la mesure de base est donnée par la « Population disponible à la recherche d'un emploi » (PDRE) : elle réunit les individus ayant déclaré « être sans travail et rechercher un emploi » ; cette mesure est complétée par celle de la « Population marginale disponible à la recherche d'un emploi » (PMDRE) : elle regroupe des individus dont on constate que, sans faire partie de la PDRE, ils sont cependant à la recherche d'un emploi (essentiellement des étudiants et des femmes au foyer).

Depuis 1975, est calculée la « Population sans emploi à la recherche d'un emploi » (PSERE) en conformité avec les règles énoncées par le Bureau international du travail ; la PSERE est devenue la mesure principale depuis 1982 ; si l'on y ajoute les chômeurs ayant trouvé un emploi qui commence ultérieurement, on obtient le nombre des chômeurs « au sens du BIT ».

• *Difficultés.* — L'enquête ne couvre qu'imparfaitement les populations vivant en habitat collectif (foyers de jeunes ou de travailleurs immigrés, logements de chantier dans le bâtiment et les travaux publics) ; or il s'agit de catégories spécialement menacées par le chômage.

Les changements d'échantillon, certaines modifications du questionnaire ou des concepts rendent délicats les raccordements entre les quatre séries successives d'enquêtes.

Les fichiers de l'ANPE

• *Méthodologie.* — Comptage, à la fin de chaque mois, des demandeurs d'emplois inscrits à l'agence dont la demande n'a pas été satisfaite ou annulée.

• *Concepts.* — La mesure de base est constituée par les « demandes d'emploi en fin de mois » (DEFM) de catégorie 1 : personnes sans emploi, immédiatement disponibles, à la recherche d'un emploi à durée indéterminée à temps plein.

Depuis mars 1983, sont également publiées les DEFM d'autres catégories ; les DEFM de catégories 2 et 3 (respectivement demandes d'emploi à temps partiel et demandes d'emplois saisonniers ou temporaires) permettent de compléter la mesure du chômage.

• *Difficultés.* — L'obstacle central résulte de la sensibilité de cet indicateur, d'une part à l'égard des règles juridiques qui déterminent l'inscription, la classification et la radiation des demandeurs d'emploi, d'autre part en fonction de l'intérêt qu'ont les chômeurs à s'inscrire à l'Agence (qualité des prestations offertes, liaison avec l'indemnisation, avec le maintien des droits sociaux, etc.).

De ce fait, si les DEFM sont utiles pour étudier les évolutions conjoncturellles (seule source mensuelle disponible), elles ne constituent à plus long terme qu'un indicateur très grossier.

• *Correction des variations saisonnières.* — En plus des données brutes, sont publiées des évolutions du chômage « corrigées des variations saisonnières » (CVS). Elles sont obtenues par un traitement statistique qui a pour objet d'éliminer l'effet des fluctuations liées à des phénomènes saisonniers, par exemple l'entrée massive sur le marché du travail au mois de septembre des jeunes qui sortent du système scolaire ou l'achèvement de nombreux contrats de travail à durée déterminée à la fin de l'été. Cette méthode, forcément approximative, permet de dégager les « tendances lourdes » dans l'évolution du chômage.

Pour plus de détails : [10], [11].

2. Comparaisons internationales

Nous disposons de deux sources différentes.

— L'*OCDE* publie pour les pays membres (économies capitalistes industrialisées) des séries statistiques harmonisées à partir des données nationales ; elle ne peut toutefois corriger que partiellement les différences de concepts et pas du tout les différences de méthodes. Ce sont donc les tendances qu'il est intéressant de comparer plutôt que les niveaux.

— L'*Office statistique des Communautés européennes* (OSCE) fait réaliser tous les deux ans depuis 1973 et tous les ans depuis 1983 une « Enquête par sondage sur les forces de travail » selon une méthode harmonisée dans les différents pays membres. Des comparaisons fiables sont donc possibles mais avec des intervalles de temps et des délais de publication importants.

Pour plus de détails, voir la bibliographie, références [1] à [5].

mesure dépend également de la définition opératoire que l'on donne du chômage. On peut en effet le caractériser par quelques critères logiques, comme ceux présentés plus haut, ou bien définir des règles pratiques pour tracer la frontière de la population de chômeurs. Or en ce domaine, la marge d'incertitude est considérable et les choix inévitablement arbitraires. Prenons l'exemple du troisième critère du BIT [1] (formulation 1954) : « Etre à même de travailler. » Dans une conception large, on considérera que seuls sont exclus ceux qu'un handicap, par exemple physiologique, rend durablement inadaptés au travail. Si l'on recherche une définition restrictive du chômage, on exclura tous ceux qui ne sont pas immédiatement disponibles pour le travail, par exemple des demandeurs d'emploi en cours de stage de formation ou victimes d'une maladie de courte durée. Il est facile de multiplier les illustrations de ce genre à propos de chacun des critères : que signifie « être dépourvu d'un emploi » pour un travailleur qui, faute de mieux, doit accepter une succession de tâches précaires discontinues de courte durée ; que signifie « avoir accompli des actes de recherches » lorsque l'embauche est pratiquement nulle dans un bassin d'emploi donné ?

Le choix d'une convention ne peut échapper totalement à des pressions politiques et moins encore aux conceptions « implicitement normatives » du statisticien qui a inévitablement en tête une vision des vrais et des faux chômeurs. Il nous semble totalement vain d'espérer perfectionner les définitions et les instruments de mesure pour parvenir à une « bonne » mesure du chômage. Cette ambition repose en effet sur l'hypothèse que le partage de la population totale entre inactifs, occupés et chômeurs constitue une partition, c'est-à-dire que tout individu peut être rangé sans équivoque dans une seule des trois rubriques.

Nous voudrions montrer, à l'opposé, qu'une caractéristique essentielle de la période actuelle est l'indétermination des frontières entre les trois sous-ensembles. Cela peut être mis en évidence, soit par une approche statique qui montre l'ampleur des chevauchements entre ces catégories, soit par une approche dynamique qui illustre la complexité des flux qui les unissent.

---

1. Bureau international du travail.

2. Les chevauchements

S'il est difficile de mesurer le chômage, c'est principalement parce que des franges importantes de la population se trouvent dans des positions intermédiaires entre l'emploi, l'inactivité et le chômage.

Identifier ces catégories et comprendre les fonctions qu'elles assurent dans le marché du travail est plus utile que d'ignorer leur existence et d'affecter conventionnellement les populations correspondantes à l'une d'entre elles.

Trois types de situations méritent d'être mentionnées en raison de leur importance quantitative ; le schéma suivant précise leur positionnement respectif.

LES CHEVAUCHEMENTS ENTRE EMPLOI, INACTIVITÉ ET CHÔMAGE

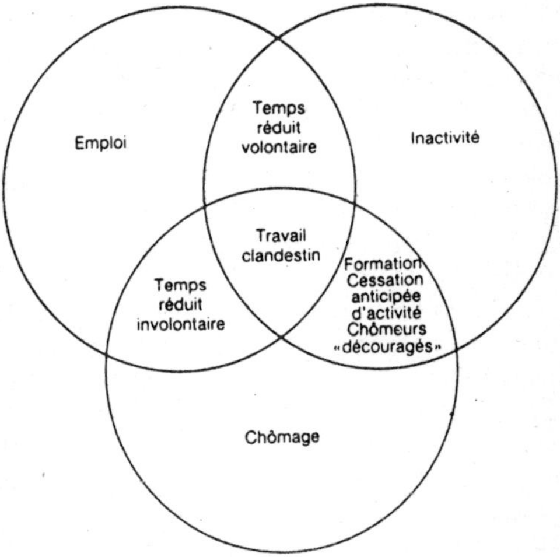

Le travail à temps réduit

La notion d'emploi renvoie usuellement à un poste de travail occupé régulièrement et à plein temps, c'est-à-dire pour une durée qui, dans un pays donné, pour une période donnée, est considérée comme normale ou moyenne.

Les situations concrètes d'emploi peuvent s'écarter de deux manières de ce statut de référence :

— l'emploi est exercé à plein temps mais de manière discontinue ; tel est le cas du travail saisonnier ou du travail intérimaire ;

— l'emploi est exercé à temps partiel, c'est-à-dire selon un horaire sensiblement inférieur à l'horaire normal ou moyen.

Logiquement, il est important de déterminer si, du point de vue du titulaire de l'emploi, cette situation est considérée comme volontaire ou involontaire. Dans le premier cas, l'individu se situe à l'intersection de l'activité et de l'inactivité ; dans le second cas, à l'intersection de l'activité et du chômage. Mais on doit s'interroger sur la pertinence d'une telle distinction dans les nombreux cas où un travailleur opte pour le temps réduit faute d'une autre possibilité plus satisfaisante : sa « volonté » n'est en réalité que son mode d'adaptation aux contraintes du marché du travail ou encore, pour les femmes, à des modèles culturels dominants.

Le tableau I donne l'ordre de grandeur de ces phénomènes. Pour un nombre total d'emplois salariés (hors fonction publique) proche de 18 millions, environ un million d'emplois « traditionnels » ont été remplacés par des emplois précaires ou à temps partiel.

Une autre forme, certainement involontaire celle-là, de travail à temps réduit est constituée par le *chômage partiel*, c'est-à-dire la réduction de la durée effective du travail pour des emplois normalement à plein temps. Ce mécanisme est en principe utilisé pour faire face à des fluctuations temporaires du niveau d'activité ; dans les faits, il sert bien souvent à éviter ou retarder les licenciements collectifs impliqués par une régression durable. Entre 1975 et 1988, le nombre annuel de journées indemnisables a fluctué entre 5,1 et 17,4 millions, ce qui correspond à un nombre annuel moyen des effectifs concernés compris entre 113 000 et 320 000.

L'inactivité comme forme de chômage déguisé

Comme nous l'avons vu, la définition statistique du chômage requiert que le demandeur d'emploi non seulement

TABLEAU I. — ÉVOLUTION DES DIVERSES CATÉGORIES D'EMPLOI SALARIÉ

En milliers

	Avril-mai 1982	*Mars 1988*	*Variation*
Emploi salarié à plein temps, à durée indéterminée [1]	11 754	10 685	– 1 069
Ensemble des formes d'emploi hors normes (stages, temps partiel, intérim, contrat à durée déterminée)	1 999	2 971	+ 972
dont :			
— stagiaires en entreprise	59	188	
— stagiaires de l'État et des collectivités territoriales	15	178	
— intérim	127	164	
— contrats à durée déterminée	306	538	
Ensemble des salariés			
— à temps plein	16 441	15 872	– 769
— à temps partiel	1 536	2 166	+ 630

1. Hors État et collectivités territoriales.

Source : Michel CEZARD, Jean-Luc HELLER, *Économie et statistique*, nov. 1988, p. 16.

effectue des actes de recherche d'emploi, mais soit disponible pour exercer un travail. Cet énoncé restrictif fait disparaître des statistiques du chômage, pour les transférer dans la population inactive, certaines catégories qui constituent cependant des réserves potentielles de force de travail. Seul le jeu de mécanismes institutionnels ou de contraintes économiques les a conduites à se retirer de la population active. Trois exemples illustrent les formes principales de ce transfert :

• Plusieurs pays, et notamment la France, ont mis en place des dispositifs de *cessation anticipée d'activité* pour des salariés proches de l'âge de la retraite. Il s'agit, selon différentes modalités juridiques, d'offrir à des salariés, après licenciement ou démission volontaire, une indemnisation versée sous la condition que le bénéficiaire se retire de la population active. On peut discuter de l'intérêt et des coûts de ce dispositif, tant pour la société que pour les individus concernés ; ce qui doit être souligné ici, c'est l'impact statistique de ces procédures : elles conduisent à ranger dans la population inactive, et non parmi les chômeurs, des travailleurs qui, en l'absence d'une stimulation financière et, souvent, d'une pression sociale forte, seraient à l'évidence restés dans la population active. Le nombre des bénéficiaires des différents régimes (garantie de ressources, conventions du Fonds national de l'emploi, contrats de solidarité « préretraite », convention sociale de la sidérurgie...), après être passé par un maximum proche de 800 000 en 1983, est redescendu fin 1988 à environ 400 000, notamment du fait de l'avancement de l'âge de la retraite.

• Un second exemple résulte du développement des activités de *formation professionnelle des demandeurs d'emploi*. Il est hors de doute que l'insuffisance ou l'inadaptation des qualifications, voire l'absence de tout projet professionnel, constituent un handicap majeur pour les demandeurs d'emploi. La multiplication des dispositifs de formation, dès lors qu'il ne s'agit pas de « formations-parking », constitue un élément positif de la politique de l'emploi. On ne peut cependant ignorer la conséquence mécanique de ces initiatives sur les statistiques du chômage : selon l'argument que la participation à un cycle de formation rend indisponible pour un emploi immédiat, le demandeur d'emploi rejoint provisoirement la population inactive. Or, sauf détournement du dispositif, l'individu est en formation parce qu'il recherche un emploi et qu'il espère ainsi améliorer ses chances d'en trouver un. La formation fait partie de son itinéraire de recherche d'emploi. Il est clair aussi qu'au terme de sa formation ce même individu réintégrera la population active. Son « déclassement » provisoire a donc un caractère largement fictif. Au cours de l'année 1986, le nombre des chômeurs ayant bénéficié d'une formation a été évalué à 655 000 : l'impact sur l'évaluation du chômage n'est donc pas négligeable.

• Troisième cas : les *chômeurs dits* « découragés ». Il s'agit de demandeurs d'emploi qui, à la suite d'une succession d'échecs dans leurs démarches auprès des employeurs ont abandonné la recherche effective d'un emploi. Pour cette raison, ils ne seront pas considérés comme chômeurs ; cependant leur comportement ne résulte pas, le plus souvent, d'une absence de volonté de travail, mais de la situation du marché du travail. Ils constituent donc bien une force de travail disponible et inutilisée, artificiellement incluse dans la population inactive sans qu'on puisse en évaluer le volume en termes de stocks.

Le travail clandestin

La persistance d'activités échappant à la réglementation et à l'enregistrement statistique est une caractéristique commune à tous les systèmes sociaux. Il semble que, dans le cas des économies de marché industrialisées, la crise ait favorisé l'essor de ce secteur d'économie souterraine, parallèle, clandestine ou « immergée ». Il s'agit d'un domaine fort hétérogène ; il inclut le travail domestique non rémunéré, le volontariat et échappe donc à la sphère de la population active *stricto sensu* ; il repose principalement sur le travail clandestin que nous définirons à la suite de Raffaele de Grazia [14] comme « activité professionnelle, unique ou secondaire, exercée en marge ou en dehors des obligations légales, réglementaires ou conventionnelles, à titre lucratif et de manière non occasionnelle ». Dans ce cas, l'appartenance à la population active est indiscutable d'un point de vue logique. Qu'en est-il en pratique ? Le travailleur clandestin est rangé dans la population occupée si à son travail clandestin il ajoute une autre activité déclarée. Sinon, il est classé comme chômeur ou comme inactif selon la stratégie juridique qu'il choisit pour camoufler son activité clandestine. Toute institution et toute réglementation engendrent la fraude ; du point de vue de l'analyse du chômage, le problème est de mesurer son importance. Les tentatives d'évaluation disponibles sont à la fois imprécises et divergentes ; pour de nombreux pays de l'OCDE (Organisation de coopération et de développement économique) les fourchettes situent le nombre de travailleurs clandestins au voisinage de 10 % des effectifs de la population active. Sans accorder trop de valeur à ce chiffre, il faut pour le moins noter qu'il introduit une nouvelle marge d'incertitude non négligeable sur la mesure du chômage.

Les controverses et les incertitudes sur la mesure du chômage ne renvoient donc pas principalement à une imperfection des instruments de mesure ou à une volonté politique de truquage. La difficulté principale réside dans l'ampleur des catégories qui échappent à un découpage clair de la population entre emploi, chômage et inactivité. L'ordre de grandeur de cet ensemble de chevauchements est *au moins équivalent* à celui du chômage statistiquement repéré.

La généralisation du salariat avait créé dans un premier temps une coupure de plus en plus nette entre les trois sous-ensembles ; cette tendance culmine dans les années soixante. Avant la crise déjà, mais plus encore avec la crise, se développe un mouvement d'élargissement des intersections. Ce mouvement résulte tout à la fois des modes de gestion de la force de travail par les firmes et des politiques publiques en matière d'emploi. Le volume du chômage à un moment donné ne peut donc être interprété isolément ; il ne prend son sens que si on le situe au sein des mécanismes qui déterminent les formes et les degrés d'utilisation ou de sous-utilisation des capacités de travail.

3. Les interdépendances

La définition usuelle du chômage conduit implicitement à un second type de simplification qui fausse la compréhension du phénomène. Dire qu'il est constitué par l'ensemble des individus qui cherchent un emploi et n'en trouvent pas, c'est ouvrir la voie à une conception du chômage comme écart résiduel. D'un côté, il y aurait des besoins de main-d'œuvre définis par chaque employeur en fonction du niveau de son activité et des conditions techniques de cette activité ; de l'autre, il y aurait des ressources de main-d'œuvre déterminées par les comportements d'activité au sein de la population, c'est-à-dire par des arbitrages entre travail rémunéré et autres formes d'activité (travail non rémunéré, participation à la vie sociale, loisir, etc.). Offre et demande seraient donc déterminées par deux catégories d'agents économiques différents obéissant chacune à des objectifs et à des contraintes spécifiques. Le chômage résulterait de l'écart entre nombre d'emplois créés par les uns et nombre d'emplois recherchés par les autres. Il apparaîtrait comme le solde de deux grandeurs indépendantes.

L'analyse moderne du fonctionnement du marché du travail a montré qu'il n'en était pas ainsi. Plutôt qu'une démonstration théorique générale, limitons-nous pour l'instant à l'examen de deux illustrations typiques des mécanismes d'interaction entre niveau de l'emploi, du chômage et de l'inactivité.

Le cycle de la productivité

Comment est déterminé le niveau de l'emploi dans les entreprises ? Une première réponse peut être formulée ainsi : à court terme, les techniques de production sont données et déterminent un certain niveau de productivité du travail (production par travailleur ou par heure de travail) ; dès lors, le niveau de l'emploi, compte tenu de cette productivité, sera fonction du volume de production de l'entreprise. A moyen terme, les techniques de production évoluent et provoquent l'accroissement de la productivité ; l'emploi varie en fonction de l'évolution respective des niveaux et des techniques de production.

Cette réponse est insuffisante : l'analyse détaillée de l'évolution de la productivité montre que celle-ci ne dépend pas seulement de la transformation à moyen terme des techniques de production, mais qu'elle est aussi sensible à court terme aux fluctuations conjoncturelles. En particulier, les phases de récession du niveau de l'activité entraînent généralement une évolution défavorable de la productivité ; au contraire, les phases de reprise coïncident avec un bond en avant. Pour comprendre ces observations, de nombreux

auteurs, à la suite d'Arthur Okun, ont proposé une explication de la détermination de l'emploi en deux étapes [15] :
— dans un premier temps, le niveau de production prévu permet à l'entreprise de calculer, compte tenu de ses techniques de production, quel serait le niveau d'emploi souhaitable ;
— dans un deuxième temps, l'entreprise, compte tenu du niveau actuel de ses effectifs, se rapproche du niveau souhaité.

Cet ajustement n'est ni immédiat, ni total. Il dépend d'abord d'un calcul de la firme : elle compare les coûts qui résultent pour elle d'excédents ou de pénuries dans ses effectifs à ceux qui résulteraient de licenciements ou d'embauches. Mais *la vitesse de l'ajustement* dépend aussi des conditions qui règnent sur le marché du travail : en période de récession, les salariés lutteront contre les licenciements et retarderont les réductions d'effectifs (d'où un effet négatif sur la productivité du travail) ; en phase de reprise, la firme ne réembauchera vraisemblablement pas tout de suite, soit qu'elle ne soit pas certaine du caractère durable de la reprise, soit qu'elle veuille profiter de la conjoncture pour éliminer des « sureffectifs » antérieurement constitués ou pour intensifier le travail (d'où un effet positif sur la productivité du travail). Ainsi se dessine le cycle de la productivité.

Les décisions d'embauche et de licenciement, de création et de suppression d'emplois ne sont pas le simple résultat d'un calcul technique ; elles dépendent de la stratégie des firmes et des syndicats et de leurs rapports de forces ainsi que de l'attitude de l'Etat. Ces variables à leur tour sont étroitement liées au niveau du chômage : celui-ci pèse à la fois sur la vigueur des luttes de défense de l'emploi menées par les salariés et sur la prudence de l'Etat et éventuellement des firmes face aux risques de conflits sociaux. De ce fait, le niveau de l'emploi effectif dépend, dans une certaine mesure, du niveau du chômage. Le chômage n'est pas un simple écart résiduel.

La flexion des taux d'activité

Le même type de conclusion s'impose lorsqu'on examine les rapports entre chômage et inactivité en cas de variation de l'emploi [16]. Le point de départ de l'analyse a été le suivant : les prévisions de main-d'œuvre résultaient traditionnellement de deux calculs séparés : d'une part, celui des ressources de main-d'œuvre à partir des taux d'activité, en fonction d'hypothèses sur les comportements de la population ; d'autre part, celui des besoins de main-d'œuvre, en fonction de prévisions de production et de productivité ; le chômage était obtenu par différence. Or, cette méthode conduisait à d'importantes erreurs de prévision, conséquence typique d'une conception résiduelle du chômage.

Rappelons que le taux d'activité d'une population est le rapport entre le nombre des actifs et l'effectif total de cette population. Les taux d'activité n'influent pas de manière unilatérale sur le chômage, ils sont eux-mêmes sensibles au niveau du chômage : la décision d'un jeune de sortir ou non du système éducatif, d'une mère de famille de chercher ou non à reprendre un emploi, d'un travailleur âgé d'opter ou non pour une cessation d'activité dépend dans une certaine mesure du marché du travail : plus fort sera le volume du chômage ou des suppressions d'emplois, plus grande la pression pour un maintien ou un renvoi dans la population inactive ; à l'inverse, plus le niveau du chômage est faible, ou plus fort le nombre des créations d'emplois et plus grand sera l'effet d'attraction vers le marché du travail qui s'exercera sur la population inactive.

Ce premier constat quantitatif peut être complété par une analyse plus fine de la composition des flux de création ou de suppression d'emplois et des catégories de main-d'œuvre qui sont concernées. La différence d'impact entre la création d'emplois industriels et celle d'emplois tertiaires a été mise ainsi en évidence : les premiers, majoritairement occupés par des hommes, provoquent une réduction sensible du chômage masculin, les seconds ont surtout un effet d'attraction sur le marché du travail de femmes jusqu'alors inactives ; l'effet sur le chômage est faible, parfois même négatif. A l'effet sectoriel se conjugue un effet spatial : le redéploiement de l'appareil industriel français s'est traduit par des destructions massives d'emplois dans des régions de vieille tradition industrielle (nord et est de la France principalement) et par des créations d'emploi dans des régions jusqu'alors à dominante rurale (Ouest et Sud-Ouest principalement). Ce mouvement peut conduire à la création de chômage aux deux bouts : d'un côté, les licenciements portent sur une main-d'œuvre souvent âgée, peu mobile géographiquement et professionnellement, donc difficilement reclassable ; de l'autre, les créations d'emploi engendrent un effet d'appel sur la population féminine jusqu'alors inactive et un effet d'accélération dans l'abandon des emplois ruraux traditionnels (agriculture, mais aussi artisanat et petit commerce). Au total, l'accroissement des demandes d'emploi l'emporte souvent sur celui des offres.

Nous parvenons donc à la même conclusion : le chômage n'est pas un solde résultant de la détermination séparée du niveau de l'emploi et de celui de la population active. Emploi, chômage et inactivité sont liés entre eux par un réseau d'interdépendances. Il faudra garder ce résultat présent à l'esprit pour interpréter correctement la suite de cet ouvrage qui ne portera désormais que sur le chômage au sens strict du terme.

II / Volume et composition

Le caractère généralisé et massif de la croissance du chômage depuis 1973 dans les économies de marché industrialisées risque à tort de faire considérer ce mouvement comme uniforme et homogène. En réalité, l'évolution du chômage s'est réalisée selon des étapes de nature différente et a touché de manière inégale les différentes catégories de population. L'augmentation du nombre des chômeurs ne constitue que la manifestation d'un phénomène complexe : l'intensification et la transformation des flux de passage par le marché du travail.

1. Les périodes

Trois grandes phases depuis la guerre

L'évolution du chômage en France depuis la fin de la Seconde Guerre mondiale a connu trois phases principales.

• La première s'étend jusqu'en 1962. Elle est caractérisée par une quasi-stagnation de la population active et de l'emploi mesurés globalement. Le contexte est celui d'une pénurie de main-d'œuvre ; le chômage est faible et mal mesuré ; il varie selon les fluctuations conjoncturelles de l'activité économique autour de 200 000 personnes.

• Après les perturbations causées sur le marché du travail

GRAPHIQUE 1. — EMPLOI, CHÔMAGE ET POPULATION ACTIVE
(Milliers de personnes)

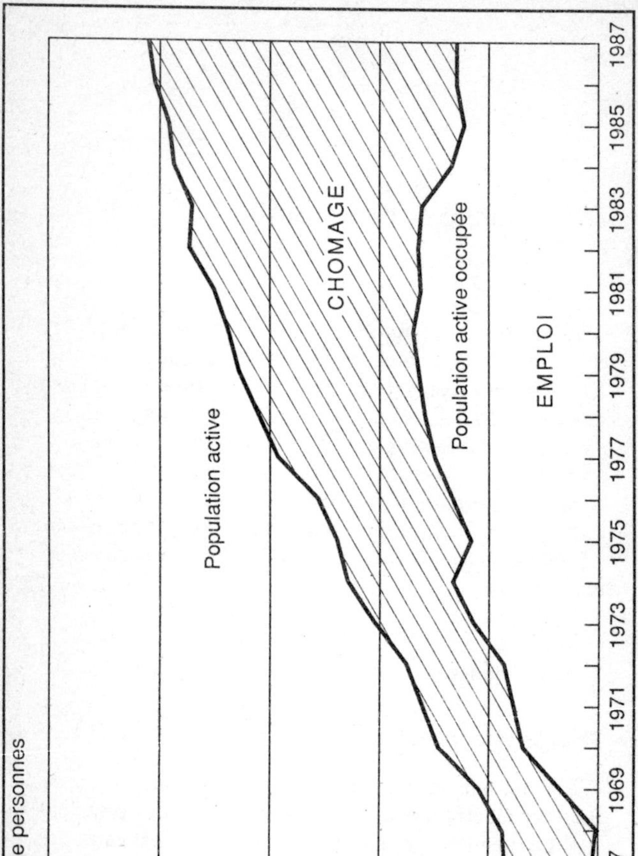

Source : INSEE, *Comptes de la Nation*, 1987, tome 2, p. 53.

GRAPHIQUE 2. — ÉVALUATION DES TAUX DE CHÔMAGE DANS LES PRINCIPAUX PAYS INDUSTRIALISÉS

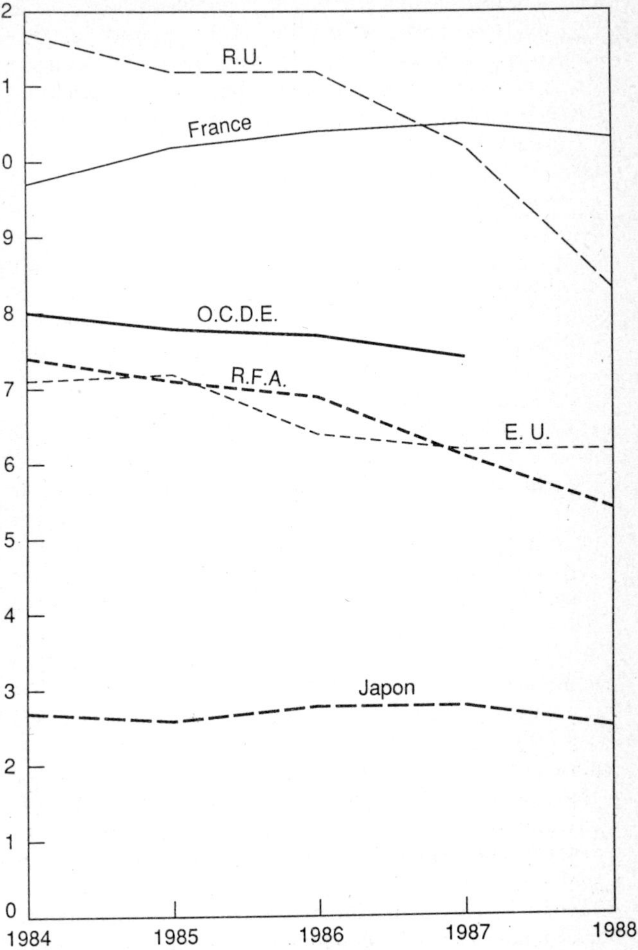

Source : Taux de chômage standardisés calculés par l'OCDE.

en 1962 et 1963 par la fin de la guerre d'Algérie (rapatriés, réduction du service militaire), s'ouvre en 1964 une seconde phase qui s'achève avec l'été 1974 : elle est marquée par une croissance rapide tout à la fois de la population active et de l'emploi (voir graphique 1). Toutefois, le rythme d'évolution de la première est légèrement plus élevé que celui du second ; on enregistre de ce fait une lente montée du chômage dont le volume double approximativement en l'espace de dix ans. Ce phénomène est principalement lié à l'ampleur des mutations technologiques et sectorielles qui accompagnent la croissance économique ; une forte mobilité professionnelle, sectorielle et spatiale, de la main-d'œuvre est rendue nécessaire. L'adaptation ne se réalise qu'imparfaitement ; elle exige des délais. Au chômage principalement conjoncturel de la première phase s'ajoute un chômage frictionnel : l'ampleur des transformations de la structure des emplois, l'inadéquation entre offre et demande de travail entraînent des passages plus fréquents mais généralement brefs sur le marché du travail. Le nombre des chômeurs augmente mais aussi les pénuries de main-d'œuvre subies par les entreprises.

• Au second semestre de 1974, s'ouvre une troisième phase, celle de la crise. Globalement, elle se caractérise par un accroissement massif du volume et de la durée du chômage. En France, selon l'Enquête sur l'emploi, le chômage passe de 447 000 personnes en mars 1974 (PDRE) à 2 431 000 en mars 1988 (chômage au sens du BIT) ; entre les mêmes dates, l'ancienneté moyenne de la recherche d'emploi pour l'ensemble des chômeurs passe de 8 à 17 mois. Comme le montre le graphique 1, l'écart s'est creusé à partir de 1973 entre d'une part la population active dont la croissance se poursuivait et d'autre part l'emploi qui retrouve presque exactement en 1987 son niveau de 1974 (21,4 millions), après être passé en 1980 par un maximum (21,8 millions).

A l'échelle de l'OCDE, les disparités de taux de chômage sont importantes (voir le graphique 2 et l'encadré sur le Japon). Rappelons que les différences de méthodes statistiques rendent difficiles des comparaisons internationales de niveau du chômage ; c'est donc l'évolution des taux qui est significative. De ce point de vue, le taux de chômage moyen

La sous-évaluation du chômage au Japon

Elle s'explique par l'existence de mécanismes qui y jouent un rôle plus grand que dans les autres pays industrialisés :
— l'existence de grandes entreprises pratiquant le système dit de « l'emploi à vie » ; en cas de sureffectifs, elles procèdent à la mise à pied d'une partie de leurs salariés en leur conservant une rémunération de base ; ils ne sont pas enregistrés comme chômeurs ;
— l'importance des formes d'emploi traditionnelles (entreprises familiales, travail à domicile) qui, en cas de récession, n'engendrent pas un chômage statistiquement enregistré ;
— la sensibilité conjoncturelle des taux d'activité féminins : une fraction des femmes privées d'emploi se retirant dans la population inactive ;
— l'ampleur du phénomène des travailleurs dits « découragés » : travailleurs qui cessent de rechercher un emploi parce qu'ils ont perdu l'espoir d'en trouver (de 1977 à 1980, le nombre des travailleurs découragés était approximativement le double de celui des chômeurs) ; ces deux derniers mécanismes peuvent se combiner.

Pour plus de détails : Philippe Saucier, « La mesure du chômage au Japon », *Travail et Emploi*, déc. 1985.

pour l'ensemble des 15 principaux pays de l'OCDE est passé de 3,3 % en 1973 à 8,6 % en 1983 pour redescendre ensuite et atteindre 7,4 % en 1987.

Des inflexions dans la crise

Les chiffres donnés ne doivent pas laisser croire que la crise constitue une période de croissance continue, généralisée et indifférenciée du chômage. Ces douze années recouvrent des sous-périodes de nature différente dont l'impact sur le chômage doit être précisé ; nous mettrons principalement l'accent sur l'opposition entre phases de récession industrielle et phases de croissance lente. Elle conduit à distinguer une composante permanente et une composante conjoncturelle dans la montée du chômage.

La *composante permanente* naît de la distorsion entre la croissance régulière de la population active et la quasi-stagnation tendancielle de l'emploi global. De ce fait, les catégories qui entrent sur le marché du travail rencontrent d'énormes difficultés pour trouver un emploi ; il s'agit principalement des jeunes sortant du système scolaire et des femmes dont les taux d'activité ont poursuivi pendant la crise le mouvement ascendant qu'ils avaient entamé antérieurement. De plus, l'accroissement du chômage conduit les employeurs à exercer une plus grande sélectivité à l'embauche : face à des candidatures multiples, ils peuvent élever le seuil de leurs exigences. Dès lors, les titulaires de bas niveaux de formation ou de qualification seront victimes de cette évolution.

La *composante conjoncturelle* est associée aux phases de récession industrielle ; les deux principales éclatent en 1974 et 1980, avec des décalages de quelques mois selon les pays ; leur durée est d'environ deux années. Elles sont marquées par des taux de croissance du produit intérieur brut proches de zéro. La chute de la production industrielle et l'ampleur des restructurations industrielles engendrent des suppressions massives d'emplois dans ce secteur. La croissance du chômage est brutale ; elle résulte principalement des pertes d'emploi subies par les travailleurs : licenciements, fins d'emplois précaires. En raison de son origine, le chômage touche principalement les emplois industriels et les hommes en sont plus fortement victimes ; il atteint toutes les catégories d'emplois industriels, y compris les travailleurs qualifiés.

Dans les phases de croissance lente, la composante permanente est dominante ; le chômage augmente lentement (voir graphique 2) mais de manière inégalitaire (voir plus loin « Les catégories »). Dans les phases de récession industrielle, la composante conjoncturelle se superpose à la première et son influence l'emporte : le chômage croît plus rapidement, mais les inégalités se réduisent car les restructurations industrielles frappent des catégories jusqu'alors relativement épargnées (hommes adultes, travailleurs qualifiés).

Un éclairage complémentaire est donné si, au-delà des variations du nombre des chômeurs, on prend en compte la nature et l'importance des mouvements sur le marché du travail. La crise a d'abord provoqué un effondrement du volume des embauches : en mars 1973 (enquête Emploi), près de 4 millions d'actifs avaient été recrutés au cours des douze mois précédents ; en mars 1985, ce chiffre était tombé à 2,5 millions. S'il a crû depuis lors, c'est à cause du développement des emplois précaires. L'obtention d'un emploi implique de plus en plus souvent un passage préalable par le chômage : la part des chômeurs dans les recrutements est passée d'un sur vingt-deux en 1973 à un sur quatre en 1987.

On voit sur ces exemples à quel point la seule prise en considération du nombre des chômeurs ou de sa variation constituerait une approche insuffisante. Seule l'analyse de la dynamique des flux entre l'emploi, le chômage et l'inactivité permet de comprendre la nature des passages par le marché du travail et des processus de sélection qui y opèrent.

2. Les catégories

Le chômage, phénomène inégalitaire

Le poids du chômage dans les différentes catégories de la population a toujours été inégal. Dans un premier temps, nous partirons d'une vision assez superficielle et descriptive de ces inégalités telles qu'elles sont mesurées par l'inégalité des taux de chômage. Pour cela, nous utiliserons la notion de *taux de chômage relatif* qui se définit comme le rapport du taux de chômage d'une catégorie particulière de la population au taux de chômage moyen de l'ensemble de la population. Une valeur supérieure à 1 de ce rapport indique que la catégorie en question est relativement plus touchée que la moyenne par le chômage ; la conclusion est inverse si la valeur est inférieure à 1.

Tableau II. — Taux de chômage relatif
(mars 1988)

Par sexe et tranche d'âge			*Par groupes socioprofessionnels salariés*	
	Hommes	Femmes		
15 à 24 ans	1,99	2,61	Cadres	0,25
25 à 49 ans	0,65	1,09	Professions intermédiaires	0,43
50 ans et plus	0,66	0,80	Employés	1,17
Total	*0,79*	*1,25*	Ouvriers	1,46

Source : Enquête sur l'emploi, INSEE, 1988.

L'ampleur des différences entre les taux est évidente :
— le taux de chômage des femmes est largement supérieur à celui des hommes, quelle que soit la tranche d'âge ;
— le taux de chômage des jeunes est presque le triple de celui des adultes, quel que soit le sexe ; le niveau du chômage des personnes âgées est difficile à interpréter dans la mesure où une partie importante est éliminée statistiquement par le jeu des cessations anticipées d'activités (préretraites...) ;
— les taux de chômage reflètent les hiérarchies professionnelles.

Ces résultats mettent en évidence la sélectivité du marché du travail, reflet des politiques d'embauche et de licenciement des employeurs. L'abondance de la main-d'œuvre disponible permet aux employeurs d'être exigeants en matière de recrutement ; en sont victimes les catégories marquées par des handicaps professionnels (manque d'expérience ou de qualification) ou des stéréotypes culturels. Symétriquement, en cas de licenciement les entreprises s'efforcent, autant que possible, de conserver la fraction la plus qualifiée de leur force de travail.

L'impact de la crise sur les inégalités

Il semblerait naturel de supposer que le contexte de crise crée une tendance à l'approfondissement des inégalités face au chômage : les catégories les plus faibles sur le marché du travail seraient les victimes immédiates du renforcement de sa sélectivité. Cependant l'analyse statistique révèle une situation plus complexe ; la sensibilité des taux de chômage relatifs aux conditions globales de l'activité économique relève d'une interprétation difficile.

Il faut d'abord rappeler que la période de croissance forte qui précéda la crise a été marquée par un net renforcement des disparités entre hommes et femmes, quelle que soit la classe d'âge. En mars 1968, le taux de chômage des femmes est de moitié supérieur à celui des hommes ; en mars 1974, il atteint le double.

Le changement de définition du taux de chômage dans la nouvelle série des enquêtes sur l'emploi, entamée en 1975, ne permet pas d'isoler l'impact de la première grande récession ; cependant la tendance entre mars 1974 et mars 1976 est plutôt à la réduction des disparités.

La période de croissance lente engendre un nouvel accroissement des disparités mais cette fois entre jeunes et adultes : entre mars 1976 et mars 1980, les taux de chômage relatifs des 25-49 ans diminuent légèrement pour les hommes comme pour les femmes, tandis que les taux des 15-24 ans augmentent nettement pour les deux sexes.

Avec la seconde récession et la période qui la suit se dessine une nouvelle opposition selon les sexes : de mars 1980 à mars 1985, les taux de chômage relatifs des hommes augmentent, ceux des femmes diminuent et ce pour toutes les tranches d'âge. Pour la première fois depuis le début de la crise, le taux relatif des femmes de 25 à 49 ans devient inférieur à 1 (0,95 en mars 1985). Enfin, entre mars 1985 et mars 1988, l'ampleur des dispositifs en faveur des jeunes provoque une réduction sensible de leur handicap relatif et cela aux dépens de toutes les autres catégories, notamment des femmes de 25 à 49 ans.

Au total, et compte tenu des difficultés résultant du changement de définition du taux de chômage en 1975, on ne constate pas de modification notable des taux de chômage relatifs depuis 1973 (c'est-à-dire des *rapports* entre les taux de chômage des différentes catégories). L'analyse, présentée

Les disparités de chômage par régions, branches et niveaux de formation

Outre les disparités par sexe, tranche d'âge et catégories professionnelles, analysées dans ce chapitre, on observe d'autres modes d'inégalité devant le chômage.

1. Disparités spatiales

Le chômage est inégalement réparti sur le territoire. Plusieurs facteurs contribuent à expliquer ces disparités : l'évolution du niveau, de la composition de l'emploi et de la population active dans chaque zone, la direction et l'ampleur des mouvements de mobilité géographique de la population, le degré de dynamisme des marchés du travail locaux (ampleur des flux d'entrée en chômage et de sortie du chômage lié au degré de précarité ou de stabilité des emplois).

En 1974, les taux de chômage régionaux vont de 1,4 à 4,5 % ; en 1988, l'éventail s'est déplacé vers le haut, allant de 6,9 à 13,7 %. Ce mouvement global a été accompagné d'une modification de la position relative des différentes régions. Les régions d'industrialisation ancienne ont été les plus touchées tandis que les régions peu industrialisées du Sud, qui avaient les taux de chômage les plus élevés avant la crise, ont subi un accroissement moindre.

En 1988, les départements qui ont les plus forts taux de chômage (supérieurs à 12,4 %) constituent pour l'essentiel deux zones : un triangle nord qui va des Ardennes à la Seine-Maritime et la façade méditerranéenne, des Pyrénées-Orientales au Var.

(*Source :* « Où frappe le chômage ? », *INSEE première*, n° 10, mars 1989.)

2. Disparités sectorielles

Il n'est pas possible de calculer un taux de chômage par branche puisqu'un tiers des chômeurs environ provient de l'inactivité (première entrée sur le marché du travail ou reprise d'activité). Seuls peuvent être affectés à une branche les chômeurs qui ont perdu ou quitté leur emploi. On peut calculer un rapport par branche entre les chômeurs qui proviennent de cette branche et les effectifs totaux de la branche. Le tableau ci-après donne la valeur de ce ratio en mars 1985.

Plusieurs facteurs expliquent ces disparités :
— l'évolution du niveau de l'emploi dans la branche (biens de consommation, BTP) ;
— l'importance des emplois précaires (industries agricoles et alimentaires, BTP, commerce) ;
— l'importance de l'emploi non salarié (agriculture) ; un revenu médiocre y est préférable au chômage total ;
— l'importance des catégories salariées bénéficiant de garanties statuaires d'emploi (institutions financières, services non marchands).

3. Disparités selon le niveau de formation

L'impact du niveau de formation sur le chômage est difficile à mesurer pour l'ensemble de la population active ; en effet, le niveau moyen de formation est corrélé négativement à l'âge (effet de l'allongement de la scolarité). Il est donc plus intéressant de se limiter aux conditions d'entrée dans la population active des jeunes qui sortent du système éducatif. Le tableau ci-dessous indique les taux de chômage en 1985 des jeunes actifs qui étaient élèves ou étudiants cinq ans plus tôt.

Le taux de chômage est donc fortement lié au niveau de diplôme. Ce constat n'implique pas que les diplômés trouvent des emplois correspondant à leur niveau de formation.

RATIO $\frac{\text{CHÔMEURS PROVENANT DE LA BRANCHE}}{\text{EFFECTIF TOTAL DE LA BRANCHE}}$
(mars 1988)

Agriculture		2,8
Industrie		10,1
dont — Industries agricoles et alimentaires	11,3	
— Energie	2,7	
— Biens intermédiaires	9,8	
— Biens d'équipement	8,0	
— Biens de consommation	13,9	
Bâtiment travaux publics		11,2
Services		5,7
dont — Commerce	8,6	
— Transports — Télécommunications	3,8	
— Services marchands	7,4	
— Institutions financières	2,4	
— Services non marchands	3,2	
Total		7,0

Source : Enquête sur l'emploi, 1988.

TAUX DE CHÔMAGE DES JEUNES DÉBUTANTS
PAR NIVEAU DE DIPLÔME

Diplôme le plus élevé obtenu	*1977*		*1985*	
	Hommes	*Femmes*	*Hommes*	*Femmes*
Diplôme de l'enseignement supérieur	3	6	8	8
Baccalauréat général	///	15	13	19
Baccalauréat de technicien + brevet d'enseignement technique	///	///	10	14
CAP, BEP	7	8	20	31
BEPC	10	9	19	22
CEP	9	21	19	41
Pas de diplôme	12	28	31	42
Ensemble	*7,9*	*14,0*	*19,8*	*24,9*

/// Chiffres non significatifs

* Le risque de se retrouver au chômage pour les jeunes femmes titulaires d'un CAP est passé de 8 % entre 1972-1977 à 31 % entre 1980-1985.

Champ : actifs, élèves ou étudiants cinq ans plus tôt.

Sources : enquête FQP. Pierre LAULHE, *Économie et statistiques*, décembre 1988, p. 29.

plus haut, des deux composantes de la croissance du chômage fournit une base d'explication : la composante permanente a des effets inégalitaires, la composante conjoncturelle agit en sens inverse. Il faut de plus tenir compte de l'influence qu'ont exercée sur le chômage mesuré les mesures spécifiques prises à l'égard des actifs âgés (cessations anticipées d'activité) et des jeunes (pactes nationaux pour l'emploi, etc.). Cependant, on ne doit pas négliger le fait que, compte tenu du quadruplement du taux de chômage global, une stabilité des niveaux relatifs correspond à un accroissement brutal des écarts entre niveaux absolus : en mars 1988, le taux de chômage des hommes de 25 à 49 ans est de 6,6 %, celui des femmes de 15 à 24 ans est de 26,6 %.

Une illustration complémentaire de la complexité des effets de la crise sur les inégalités face au chômage est fournie par l'utilisation de comparaisons internationales. Une « Enquête sur les forces de travail » est menée tous les deux ans au sein de la CEE selon une méthodologie harmonisée entre les différents pays. Une étude [20] des évolutions enregistrées de 1973 à 1979 conduit à des conclusions nuancées :

— l'existence de taux de chômage plus élevés pour les femmes et pour les jeunes est un phénomène généralisé à l'exception du Royaume-Uni en ce qui concerne les femmes ; en revanche, l'ampleur des disparités est très inégale, sans qu'aucune analyse ne permette de rendre compte de façon satisfaisante des spécificités nationales ;

— les tendances d'évolution ne dégagent aucune homogénéité à l'échelle de la CEE, ni quant aux sexes, ni quant aux tranches d'âge ; la seule tendance commune serait l'abaissement du taux de chômage relatif des personnes âgées, encore n'est-elle assurée que pour la tranche d'âge des 60-64 ans. L'examen des résultats des enquêtes menées entre 1981 et 1986 confirme cette hétérogénéité.

Nous ne pouvons donc que reprendre la conclusion de Dominique Gambier et de Daniel Szpiro : « Les choix relatifs aux catégories de population active qui vont être exclues de l'emploi, et par quels mécanismes, semblent dépendre tout autant du fonctionnement socio-économique de chaque pays que d'une logique propre au chômage de crise [...]. Tout se passe comme si les différents pays géraient leurs déséquilibres (chômage) par un schéma de rationnement qui leur est propre. »

Ainsi l'analyse de l'évolution du volume et de la composition du chômage dans la crise conduit-elle à une appréciation relativement complexe :

— d'une part, l'analogie des évolutions économiques nationales, déterminée par le caractère international de la crise, a engendré une poussée quantitative du chômage qui ne laisse apparaître entre les pays que des décalages conjoncturels ou des différences de degré ; le caractère dominant est l'unité du mouvement ;

— d'autre part, confrontées à cette montée du chômage, les différentes catégories de la population se sont trouvées en positions différentes ; les spécificités nationales, culturelles, sociologiques ou institutionnelles ont été à l'origine de mécanismes nationaux particuliers de sélectivité du marché du travail ; face à un chômage généralisé, l'inégalité est la règle mais ses victimes changent, dans le temps comme dans l'espace.

C'est dire qu'il ne peut être rendu compte du phénomène par la seule mesure statistique, si raffinée soit-elle, du chômage ou des chômages. Derrière le chômage, il y a des chômeurs.

III / Statuts et destins

Le chômage se mesure en stocks et en flux ; la situation des chômeurs ne peut se réduire à ce chiffrage. Le risque de tomber en chômage et les chances d'en sortir sont inégaux selon les catégories qui composent la population active ; causes d'entrée, durée et répétitivité déterminent des situations fortement différenciées parmi les chômeurs. Il est possible de les regrouper en sous-populations relativement homogènes et d'esquisser ainsi une typologie des chômages : répétitif, de reconversion, d'exclusion. Dans la grande majorité des cas, cette expérience engendre un traumatisme profond chez ceux qui la subissent : ébranlement psychologique, dégradation des rapports à l'environnement. Même provisoire, le chômage laisse une empreinte irréversible dans la destinée des chômeurs.

1. Vulnérabilité au chômage et employabilité des chômeurs

L'analyse précédente a permis de chiffrer le volume et la composition du chômage ainsi que des mouvements sur le marché du travail. Mais elle contenait peu d'informations sur la situation des différentes catégories de la population face au risque de chômage et sur l'impact des périodes de chômage dans le déroulement de la vie active des individus. L'approche statistique de cette question supposerait que l'on puisse suivre, ou reconstituer, sur de longues périodes, la biographie d'échantillons représentatifs de la population. Nous ne disposons pas, pour l'instant, de telles sources ; il faut donc dans un premier temps regrouper, confronter les informations partielles qui concernent les conditions d'entrée au chômage et de sortie du chômage ; il sera possible ensuite d'esquisser une typologie des chômeurs.

Conditions d'entrée en chômage

La *vulnérabilité* au chômage se définit comme la probabilité d'entrée en chômage, pendant une période donnée, au sein d'une population donnée. Elle s'analyse principalement à partir des causes d'entrée que l'on peut regrouper en trois catégories principales (*cf.* tableau III). Passons rapidement sur les démissions ; elles résultent théoriquement d'une libre décision du salarié à la recherche d'un meilleur emploi (sans oublier les « démissions » provoquées par une pression de l'employeur ou une prime au départ « volontaire »). La dégradation du marché du travail a provoqué une réduction brutale de cette rubrique.

Viennent ensuite les entrées en chômage en provenance de la population inactive ; elles concernent principalement les jeunes (sorties du système scolaire) et les femmes adultes (reprises d'activité). La première modalité occupe une part relativement stable sous réserve des inflexions limitées que peut provoquer la variation de l'âge de sortie du système scolaire. La seconde modalité est en régression importante ; ce n'est pas la conséquence d'une diminution des taux d'activité féminins mais bien au contraire de leur croissance : les femmes se retirant de moins en moins du marché du travail à l'occasion de mariages ou de naissances, il en résulte mécaniquement une réduction des reprises d'activité.

L'entrée en chômage peut enfin résulter d'une décision de l'employeur. La forme classique en est le licenciement. Le volume des licenciements est sensible aux fluctuations de l'activité économique et spécialement de l'activité industrielle ; de ce fait, les licenciements toucheront plus fortement les hommes. Le non-accroissement du poids relatif des licen-

TABLEAU III. — LES CAUSES D'ENTRÉE EN CHÔMAGE
(en %, respectivement pour les hommes et pour les femmes)

Situation antérieure	*Origine de la « décision »*	*Cause*	*Sexe*	*1975*	*1981*	*1982*	*1988*
Actifs occupés	Employeur	Licenciement	H	50,4	50,5	42,4	41,6
			F	27,9	30,2	26,1	27,9
		Fin d'emploi précaire [1]	H	4,8	14,3	22,0	28,7
			F	7,8	17,3	21,9	25,9
	Individu en chômage	Démission	H	16,9	12,4	7,8	5,3
			F	18,5	14,0	11,0	6,9
Inactifs		Fin d'études (ou de service national)	H	15,8	15,5	16,7	11,1
			F	16,0	16,9	17,8	10,5
		Avait cessé toute activité ou n'avait jamais travaillé	H	6,0	5,0	5,2	4,3
			F	26,9	19,9	19,5	19,7
		Autres circonstances	H	6,0	2,4	6,0	9,0
			F	2,9	1,6	3,7	9,1
				100 100	100 100	100 100	100 100

1. De 1978 à 1981 : « fin d'emploi occasionnel » ; depuis 1982, ont été ajoutées : « fin de mission d'intérim » et « fin de contrat à durée déterminée ». La catégorie s'élargit donc d'entrées en chômage jusqu'alors souvent classées en « licenciements » ou « démissions ». Pour ces rubriques, on ne peut donc comparer les évolutions qu'au sein des deux sous-périodes 1975-1981 et 1982-1988.

Source : INSEE, Enquête sur l'emploi.

ciements pendant la crise s'explique par de nouveaux modes de gestion de la force de travail par les firmes : le recours croissant aux emplois précaires. Ces formes d'emploi pèsent principalement sur les femmes et sur les jeunes, leur croissance est spectaculaire de 1975 à 1981 ; un changement de définition depuis 1982 rend les données non comparables, mais montre, grâce à une mesure plus complète, l'importance qu'a prise ce mécanisme.

Globalement, l'évolution des causes d'entrée en chômage avec la crise est donc caractérisée par le poids croissant des décisions prises par les employeurs et par le recul des facteurs qui traduisent les comportements d'activité de la population.

Sortir du chômage

L'*employabilité* se définit comme la probabilité, au sein d'une population de chômeurs, de trouver un emploi pendant une période donnée.

L'employabilité est principalement fonction de l'ancienneté dans le chômage : la probabilité de retrouver un emploi diminue rapidement lorsque la durée de chômage s'allonge ; les raisons tiennent d'abord au comportement des demandeurs d'emploi (découragement progressif), ensuite à la dégradation des aptitudes professionnelles et, éventuellement, des attitudes à l'égard du travail en l'absence d'emploi, enfin et surtout aux politiques de recrutement des employeurs qui tendent à interpréter la durée de chômage comme indicateur négatif des aptitudes du travailleur. L'employabilité diminue avec l'âge du chômeur pour des raisons qui tiennent à la fois à l'adaptabilité des demandeurs d'emploi et aux critères de sélection des employeurs. En revanche, il est difficile d'établir une relation simple entre employabilité et qualification professionnelle [7], [23] ; nous reviendrons sur ce point à propos de la typologie des chômeurs.

Les recherches récentes [24] ont surtout mis en évidence la relation entre l'employabilité et le passé professionnel des demandeurs d'emploi, y compris les causes de leur entrée en chômage. Les titulaires d'emplois précaires sont à la fois ceux qui tombent le plus souvent en chômage et ceux qui retrouvent le plus rapidement un emploi, mais cet emploi est souvent un emploi précaire. A l'opposé, ceux qui ont perdu un emploi durable éprouvent plus de difficultés pour sortir du chômage mais, lorsqu'ils y parviennent, ont plus de chance d'obtenir une réinsertion professionnelle stable. Pour reprendre la formulation de Carla Saglietti, « la mobilité est gage d'employabilité mais l'instabilité a un effet récurrent ».

Cette observation met en évidence le danger qu'il y aurait à examiner séparément les causes d'entrée en chômage et les conditions de sortie du chômage. Le marché du travail fonctionne comme une pompe aspirante-refoulante [22]. Au cours de chaque période, il est alimenté par différentes sources : d'une part, le stock des demandes d'emploi non satisfaites au terme de la période précédente ; d'autre part, le flux des entrées sur le marché du travail pendant la période (fin du contrat de travail à l'initiative de l'employeur ou à l'initiative du salarié, entrée en activité ou reprise d'activité). Au cours de la même période, le marché du travail propose un certain volume de possibilités d'emploi : offres non satisfaites au terme de la période précédente, créations d'emplois nouveaux, remplacements dans des emplois devenus vacants. La rencontre entre ces offres et ces demandes ne résulte pas d'un processus aléatoire ; elle est commandée par les politiques de recrutement des employeurs, plus ou moins infléchie par les orientations de la politique de l'emploi. Dans un contexte de chômage massif, la sélectivité du marché du travail augmente ; elle tend à scinder la population des chômeurs en sous-groupes dont l'employabilité est largement déterminée par leur passé professionnel.

Typologie des chômeurs

Si l'on tente de dépasser une approche morcelée des différents facteurs de différenciation face aux risques de chômage et aux chances d'emploi, on peut dégager un petit nombre de situations typiques dans la population des chômeurs. Trois dynamiques tendent à devenir prédominantes ; nous les qualifierons respectivement de chômage répétitif, chômage de reconversion, chômage d'exclusion.

Le *chômage répétitif* touche des personnes qui ont connu de multiples passages par le marché du travail. On y trouve principalement des jeunes récemment sortis du système scolaire et des femmes qui cherchent, après une interruption longue, à reprendre une activité professionnelle. Cette catégorie se caractérise par un pourcentage élevé de travailleurs peu qualifiés et d'anciens titulaires d'emplois précaires. Leur niveau de salaire médiocre et leur instabilité dans l'emploi déterminent des taux faibles ou nuls d'indemnisation du chômage. Pour toutes ces raisons, ils devront se montrer peu exigeants et, par là même, auront des durées de chômage relativement brèves mais des réinsertions à nouveau précaires. D'où une succession rapide d'emplois occasionnels et de périodes de chômage courtes, parfois entrecoupées de périodes de formation ou de stages en entreprises généralement peu qualifiants.

Le *chômage de reconversion* frappe principalement des travailleurs qui, jusqu'alors titulaires d'un emploi stable, sont victimes d'un licenciement économique. On trouve dans cette catégorie un pourcentage relativement élevé d'hommes (les licenciements économiques proviennent principalement de l'industrie et du BTP), de travailleurs qualifiés et de travailleurs de tranches d'âge moyennes (de 25 à 50 ans). Leur ancienneté dans l'emploi, leurs conditions de licenciement et leur niveau de salaire antérieur leur garantissent, au moins initialement, une indemnisation relativement favorable. Pour toutes ces raisons, ils cherchent d'abord un emploi correspondant à leur niveau de qualification et à leur objectif de stabilité. Leur durée de chômage est donc plus longue mais ce sont eux qui ont la plus forte probabilité de parvenir à une réinsertion satisfaisante. Celle-ci sera parfois assurée par une formation qualifiante de reconversion professionnelle. En cas d'échec, ils rejoindront le premier ou le troisième groupe.

La comparaison de la première et de la deuxième catégorie de chômeurs conduit à mettre en question le critère de durée du chômage comme indicateur de la gravité de la situation de chômage. Si l'on compare, pour une période suffisamment longue, la durée cumulée des périodes de chômage, on constate alors des durées totales de chômage beaucoup moins inégalement distribuées que les durées de chaque passage par le chômage : les passages courts sont plus souvent répétitifs que les passages longs. Or chaque passage par le chômage constitue un risque de déqualification ou, plus largement, de dégradation du statut professionnel. Il n'est donc pas possible d'accepter la thèse courante selon laquelle le chômage n'aurait un coût social qu'au-delà d'une certaine durée tandis que le chômage de courte durée ne serait que la manifestation de l'existence d'un marché du travail actif dans une économie en mutation permanente.

Le *chômage d'exclusion* constitue une troisième catégorie dont le développement représente l'une des conséquences les plus inacceptables de la crise économique (*cf.* tableau IV). Il s'agit de travailleurs qui se présentent sur le marché du travail avec des handicaps tels que leur probabilité d'insertion est très faible dans un contexte de sélectivité accrue. Sauf s'ils bénéficient de mesures spécifiques, ils semblent condamnés à un chômage de très longue durée qui engendre la dégradation des aptitudes au travail, le découragement et finalement l'abandon de la recherche d'emploi. Parallèlement, leurs droits à l'indemnisation s'amenuisent ou disparaissent. La principale composante de cette population est fournie par les travailleurs dits « âgés », catégorie dont la frontière s'élargit avec l'avancement de l'âge de la retraite et la multiplication des dispositifs de cessation anticipée d'activité. La crise a provoqué l'extension du chômage de longue durée à des catégories nouvelles. Il touche des jeunes dont le niveau de formation ou les attitudes à l'égard du travail excluent l'insertion professionnelle stable. S'ils refusent le cycle « emplois précaires — chômage répétitif » ou s'ils n'y ont pas accès, ils entrent dans une dynamique de marginalisation cumulative. Tel est le cas aussi, de plus en plus, de travailleurs adultes victimes de restructurations industrielles dans des bassins d'emploi n'offrant aucune perspective de reconversion.

Cette décomposition entre chômage répétitif, chômage de reconversion et chômage d'exclusion n'est ni exhaustive, ni rigoureuse. Il existe des chevauchements et des passages entre ces trois catégories ; certaines situations ne sont pas

TABLEAU IV. — PROPORTION DE PERSONNES EN CHÔMAGE DEPUIS 1 AN OU PLUS [1]

	France	Europe des Neuf
1973	21,7	—
1975	16,4	18,4
1977	26,6	32,6
1979	31,0	37,4
1981	33,4	33,4
1983	38,6	47,0
1985	42,7	53,1
1987	44,0	—

Source : OSCE, Enquête par sondage sur les forces de travail.

1. En pourcentage du chômage total.

réductibles à l'une d'entre elles. Cependant une telle typologie est utile dans la mesure où elle identifie les formes dominantes d'extension du chômage dans la période contemporaine.

2. Le traumatisme du chômage

Mesurés statistiquement, le risque de tomber en chômage et la probabilité d'en sortir, la durée et la répétitivité des périodes de chômage donnent une image plus précise que les taux de ce que sont les caractéristiques et les coûts de ce phénomène pour ceux qui en sont les victimes. Elles constituent cependant une information pauvre si l'on veut rendre compte de ce que signifie l'épreuve du chômage pour un travailleur. Pour aller plus loin, il faut quitter le monde des chiffres et s'appuyer sur les enquêtes sociologiques. Elles présentent toutefois des difficultés majeures : menées sur des échantillons, selon des problématiques et des méthodologies spécifiques, elles fournissent des résultats non comparables ; remplies de faits, de récits, d'expériences, souvent de dénonciations, elles échappent au résumé, plus encore à la synthèse.

Depuis le travail de pionniers mené en 1931 en Autriche auprès des chômeurs de la ville de Marienthal [26], nous disposons d'une riche documentation d'enquêtes de terrains, de sondages, de témoignages ou de rapports [7] et [27] à [30]. Nous relèverons quelques enseignements majeurs, et parfois contradictoires, de cette masse de travaux.

Le « faux » chômeur : un cas rare

Mentionnons d'abord, puisque c'est un argument souvent utilisé, les cas dans lesquels le chômage ne constitue pas un drame individuel. Il s'agit, en premier lieu, des « faux chômeurs », ceux qui adoptent ce statut parce qu'il leur permet de profiter, plus ou moins frauduleusement, d'un régime de protection sociale. On y rencontre autant de personnes qui ne souhaitent pas travailler, qui devraient donc être considérées comme inactives, que des personnes qui travaillent volontairement « au noir ». Le problème posé est celui du contrôle. Indiquons seulement que, sauf à mettre en place un redoutable système de surveillance de la vie privée ou de dénonciations individuelles, il n'existe qu'une seule procédure efficace d'élimination des faux chômeurs : leur proposer des emplois correspondant à leur situation professionnelle et constater leur refus de les accepter. De ce point de vue, c'est l'insuffisance des offres d'emploi qui rend possible l'existence durable des faux chômeurs : le vrai chômage, lorsqu'il est massif, rend difficile le dépistage de la fraude.

En second lieu, il est avéré que certaines catégories de chômeurs apprécient positivement leur situation. Deux exemples illustrent de telles attitudes. C'est d'abord le cas de travailleurs qui occupaient un emploi particulièrement pénible et dépourvu d'intérêt et qui découvrent avec plaisir les possibilités du temps libre : intensification des relations familiales, notamment avec leurs enfants, développement d'activités de compensation (contacts humains, activités culturelles, bricolage, etc.). C'est ensuite le cas de personnes, souvent des jeunes, qui se situent à la marge de l'activité et de l'inactivité ; elles trouvent dans l'alternance de périodes d'emploi, de chômage, et parfois de formation, un équilibre où la réduction du revenu est compensée par l'élargissement d'espaces de liberté. Ces situations existent ; elles ne concernent, toutes les enquêtes le montrent, qu'une faible fraction de la population en chômage. En effet, le temps de chômage ne peut être perçu comme temps de libération que s'il est de courte durée, s'il est correctement indemnisé et s'il s'accompagne d'une forte probabilité de retrouver un emploi lorsqu'on le souhaite. De telles conditions sont de plus en plus rarement réunies.

Pour l'écrasante majorité : un drame

Il faut donc mettre l'accent sur la situation du plus grand nombre, celle où le chômage est vécu comme un *traumatisme profond* touchant l'ensemble des aspects de la vie individuelle, familiale et sociale.

Le chômage est d'abord la *perte d'un statut*. Nous vivons dans des sociétés où l'exercice d'un travail rémunéré constitue la forme principale de reconnaissance d'une utilité et même d'une existence sociale. Le travail s'accompagne d'un processus d'appropriation psychologique des moyens de travail et du lieu de travail ; le licenciement est perçu comme une exclusion arbitraire d'un processus productif dont le travailleur a assuré le développement. Alors que toute l'idéologie, y compris patronale, met l'accent sur le rôle déterminant des travailleurs dans l'efficacité de l'activité économique, ceux-ci prennent brutalement conscience de leur situation de totale dépendance : ils peuvent être rejetés sans que la qualité de leur travail soit mise en cause et sans que leur contribution à la prospérité passée de l'entreprise soit prise en considération. Le chômage est donc vécu comme processus de dévalorisation ; le choc sera d'autant plus rude que l'investissement dans le travail était plus grand et l'ancienneté dans l'entreprise plus élevée.

Le travail salarié est aussi à la base de la *structuration du temps*, aussi bien du temps de travail que du temps hors travail. Le chômage n'est pas vécu comme temps libre mais comme temps vide ; l'expérience du désœuvrement est génératrice d'ennui, d'angoisse et de culpabilisation ; elle engendre une incapacité à profiter du temps disponible et, notamment, à développer des activités de substitution. La dégradation des aptitudes et des comportements est tout à la fois perçue comme menace et subie comme irréversible.

La répercussion négative sur les *rapports familiaux* est immédiate. Certes il ne faut pas systématiser à l'excès : l'épreuve du chômage peut être l'occasion d'un renforcement des solidarités et d'une intensification des relations au sein du groupe familial. Témoignages et enquêtes montrent que c'est l'exception. S'il touche l'homme « chef de famille », le chômage met en cause, surtout si la femme a un emploi, les stéréotypes définissant les rôles dans le ménage ; il déclenche des comportements régressifs et conflictuels aggravés par les sentiments d'angoisse et de culpabilisation signalés plus haut. S'il touche la femme, il la soumet fréquemment à une pression de l'environnement en faveur d'un retour au statut de « femme au foyer » contre laquelle elle doit se battre. Le comportement des enfants est affecté par la rupture de l'équilibre familial et par le climat d'insécurité qui en résulte. Enfin, dans tous les cas, la réduction des niveaux de revenus pèse sur tous les aspects de la vie quotidienne et plus encore sur les projets d'avenir.

Au-delà du cercle familial, l'ensemble des *relations sociales* est perturbé par le chômage. D'abord parce que beaucoup de ces relations s'étaient construites à partir du travail et qu'elles vont s'étioler rapidement, sauf lorsque des luttes sociales prolongées et l'expérience de la solidarité ouvrière compensent le processus d'exclusion ; ces situations sont malheureusement peu nombreuses et résistent souvent mal à la durée. Conscients de leur dévalorisation, de la suspicion qui entoure plus ou moins consciemment les chômeurs, ceux-ci auront tendance à rompre volontairement des relations sociales qui risquent d'être marquées par l'indifférence, la commisération, le mépris ou la crainte d'une demande d'aide. La rupture s'observe non seulement dans les rapports interindividuels mais plus encore dans toutes les formes de participation à la vie sociale, qu'il s'agisse du militantisme politique ou syndical, ou de la participation à la vie associative. Là encore, il serait faux de systématiser, mais l'extrême difficulté à laquelle se heurte l'organisation des chômeurs, dans ou hors les organisations syndicales, constitue une démonstration significative.

Nous n'avons pas insisté, tant le fait est évident, sur les

Combien touche un chômeur ?

Il est difficile de répondre à cette question simple : il existe différents types d'allocations ; les taux d'indemnisation varient selon la situation avant l'entrée en chômage et selon la durée du chômage, parfois selon l'âge du chômeur ou sa situation de famille ; les durées d'indemnisation sont tantôt rigides, tantôt soumises à des décisions non automatiques de prolongation ; enfin les règles d'indemnisation sont fréquemment modifiées avec certaines possibilités de conservation des droits acquis. A une date donnée, les chômeurs indemnisés se ventilent donc dans de multiples catégories.

De ce fait, il est tentant, selon l'objectif de la démonstration, de mettre l'accent sur l'exemple le plus approprié : en France, de 1974 à 1979, l'indemnisation pendant la première année de chômage pouvait varier entre rien et 100 % du salaire net antérieur (et même légèrement plus si le chômeur suivait une formation professionnelle).

Pour éviter l'arbitraire, on peut adopter deux types de méthodes.

1. La méthode des moyennes

Elle s'appuie sur le calcul du taux moyen d'indemnisation, rapport entre le montant global des indemnités et le nombre total de personnes indemnisées. Ce taux moyen d'indemnisation des chômeurs peut être comparé au salaire moyen pour déterminer ce que l'on appelle le *taux de compensation* moyen de la perte salariale.

Le CERC (Centre d'étude des revenus et des coûts) a réalisé ce calcul pour l'année 1980. Le taux était de 51,5 % pour la France, de 35,9 % pour la République fédérale d'Allemagne, de 27 % pour la Grande-Bretagne. (A noter : le CERC fait figurer au dénominateur le salaire annuel net moyen des *ouvriers* ; le taux est donc surévalué mais la comparaison entre pays demeure significative.) Les réformes de l'indemnisation de fin 1982 et début 1984 ont réduit cc taux en France dans une proportion encore inconnue mais certainement forte.

Ces taux moyens ne s'appliquent qu'aux chômeurs indemnisés ; on doit tenir compte aussi du pourcentage de chômeurs non indemnisés (taux de compensation nul). Il était, toujours en 1980, de 44,2 % pour la France, 28,8 % pour la République fédérale d'Allemagne et 24,6 % pour la Grande-Bretagne.

Ces ordres de grandeur sont intéressants mais ils masquent l'extrême hétérogénéité des situations.

2. La méthode des cas types

On étudie la situation de chômeurs dont on définit *a priori* les caractéristiques personnelles. La méthode permet d'illustrer concrètement toute une gamme de situations possibles face au chômage. Elle a l'inconvénient de ne pas permettre de mesurer la représentativité des cas étudiés.

A titre d'exemple, les calculs du CERC permettent de comparer en 1983 la situation de chômeurs qui percevaient auparavant le salaire ouvrier moyen. On calcule pendant la première année de chômage le rapport des prestations de chômage au salaire net perdu en prenant pour base l'allocation la plus fréquemment versée et en supposant que le chômeur bénéficie, dans le cadre de cette allocation, du niveau d'indemnisation maximal. Pour un chômeur marié et père de deux enfants, ce rapport était de 64 % en France, de 53 % en République fédérale d'Allemagne et de 39 % en Grande-Bretagne. Ces comparaisons n'ont pas été actualisées. Le système entré en vigueur le 1er avril 1984 réduit fortement l'avantage relatif observé en France, même si des régressions analogues sont intervenues dans les autres pays.

Voici, à titre d'exemple, quelques situations typiques à la fin de 1986 :

— certaines catégories de jeunes à la recherche d'un premier emploi ou de chômeurs de longue durée toucheront pendant six mois (avec des possibilités limitées de renouvellement) une allocation de 41,4 F par jour (64,5 F pour des chômeurs de longue durée ayant épuisé leurs droits à l'assurance) ;

— un salarié licencié, âgé de moins de cinquante ans, qui travaillait depuis plus d'un an et était rémunéré au SMIC [1] touchera, pendant un an, une allocation proche de 70 % du SMIC, soit environ 85 % du salaire net perdu ; au-delà l'indemnisation sera réduite ;

— un cadre ayant les mêmes caractéristiques mais un salaire brut de 30 000 F par mois touchera pendant un an 57 % de ce salaire, soit 17 000 F (environ 70 % du salaire net).

Les disparités demeurent donc considérables quant au niveau des allocations ; il en est de même pour leur durée qui s'étage entre trois mois et cinq ans.

Pour plus de détails :

— CERC, *L'Indemnisation du chômage en France et à l'étranger*, document, n° 62, 2e trim. 1982.

1. Salaire minimum interprofessionnel de croissance.

difficultés financières auxquelles se heurtent les chômeurs. L'allongement des durées de chômage et les restrictions apportées aux régimes d'indemnisation font se multiplier des situations qui débouchent sur l'extrême pauvreté. Les répercussions sur la santé sont tout aussi évidentes ; elles résultent moins de l'effet direct d'une dégradation des conditions matérielles d'existence que de la rupture d'un équilibre psychique dont la traduction physiologique est multiforme (dégradation de la santé mentale, affaiblissement des résistances aux agressions, perte de sommeil, tabagisme et alcoolisme, etc.).

Ce bref panorama est schématique. Les enquêtes montrent l'extrême disparité des situations concrètes. Elles permettent aussi d'identifier des facteurs de différenciation. Le principal est vraisemblablement l'héritage professionnel et culturel de l'individu ; il commande la capacité et le mode de réponse au traumatisme initial, la nature des défenses et des projets alternatifs qui sont élaborés. De ce point de vue, le chômage est amplificateur des inégalités : le chômeur résiste d'autant mieux, en règle générale, qu'il a un niveau de formation et de qualification plus élevé, qu'il dispose d'un tissu de relations familiales et sociales dense, qu'il peut mettre en œuvre des mécanismes de solidarité. Mais à l'inverse, le traumatisme sera d'autant plus fort que la situation antérieure était jugée stable ; des jeunes à la recherche d'une insertion professionnelle seront moins marqués, tout au moins initialement, que des adultes ayant derrière eux une longue vie professionnelle. Enfin, le degré de conscience et de militantisme social modèle la capacité d'analyse et d'action : le clivage est profond entre ceux qui évaluent le chômage comme le produit d'un échec personnel ou d'une fatalité aveugle (attitudes de culpabilisation ou de passivité sans espoir) et ceux qui y voient l'expression de la logique d'un système économique et qui poursuivent la lutte pour le transformer.

Il ne faut toutefois pas surévaluer ces différences. Tous sont frappés par les processus psychologiques et sociaux que nous avons décrits. Lorsque la durée de chômage se prolonge, ou lorsque les passages par le chômage se multiplient, les capacités, subjectives et objectives, de résistance se dégradent. Les processus irréversibles qui en résultent ne peuvent être interrompus que par une réinsertion professionnelle stable ; mais ils laisseront leur empreinte.

Deuxième partie

L'affrontement des théories

La montée généralisée et massive du chômage depuis 1973 dans les économies capitalistes industrialisées a provoqué un renouveau des controverses théoriques consacrées aux « causes » du chômage. La tentation en ce domaine est toujours de rechercher des explications simples et en particulier de mettre l'accent sur des déterminismes présentés comme exogènes ou extra-économiques. Sont invoqués alors les répercussions du « baby boom » d'après-guerre, l'entrée des femmes sur le marché du travail, la présence des travailleurs immigrés, l'accroissement des « exigences » des demandeurs d'emploi liées à l'amélioration de leur indemnisation ou encore le progrès technique, la concurrence du tiers monde, etc. Dans le premier chapitre nous examinerons ces visions réductrices ; il s'agit moins de nier l'existence des phénomènes sur lesquelles elles s'appuient que de montrer qu'elles ne fournissent aucune explication véritable de la croissance du chômage.

Chacune de ces tentatives renvoie finalement à une question fondamentale : quelles mutations intervenues dans le système productif ont provoqué au début des années soixante-dix une rupture dans les mécanismes qui assuraient jusqu'alors un relatif équilibre entre ressources et besoins de main-d'œuvre ? Certes le chômage existait avant 1973 dans les économies capitalistes industrialisées ; il connaissait même dans certains pays, notamment aux Etats-Unis, des pointes importantes. Mais la politique économique permettait de résorber ces pointes et empêchait tout phénomène de croissance tendancielle durable du sous-emploi. L'élément nouveau développé dans la première partie de cet ouvrage, c'est l'apparition d'une telle tendance durable ; elle ne peut être réduite ni à un chômage frictionnel ni à un chômage conjoncturel et rien ne permet d'en prévoir aujourd'hui la disparition.

I / Des éclairages partiels

Parmi les multiples essais d'identification des facteurs explicatifs du chômage, trois d'entre eux méritent un examen plus approfondi, ne serait-ce qu'en raison de l'importance qui leur est accordée dans les débats politiques ou dans les médias. On peut les résumer ainsi, sous forme caricaturale :
— le chômage est dû à l'afflux de nouveaux arrivants sur le marché du travail ou à la présence injustifiée de certaines catégories de population sur ce marché ;
— le chômage est dû... aux chômeurs : ce sont la mauvaise volonté, la mauvaise information, l'inaptitude, les exigences excessives, voire la paresse qui expliquent pourquoi certains restent sans emploi ; celui qui veut vraiment travailler finit toujours par trouver un emploi ;
— enfin, pour ne pas l'oublier, mentionnons l'instrument d'explication universelle de tout phénomène social : le progrès technique.

1. La croissance des ressources de main-d'œuvre

Une argumentation statistique

Le graphique 1 fait apparaître la croissance du chômage en France à partir de 1973 comme la conséquence d'une divergence entre l'évolution de deux courbes dont les tendances étaient jusqu'alors approximativement parallèles : la population active poursuit sa croissance alors que le niveau de l'emploi devient tendanciellement stagnant. Un raisonnement purement mécanique peut en être déduit : en l'absence d'une augmentation des ressources de main-d'œuvre, le chômage serait resté stable.

Une analyse plus fine des facteurs de variation de la population active (*cf.* tableau V) permet l'identification des coupables. Entre 1975 et 1982, la croissance démographique a provoqué l'arrivée d'un million et demi d'actifs supplémentaires tandis que l'augmentation des taux d'activité des femmes (de 25 à 54 ans) fournissait un million d'actives. Le total de ces deux chiffres est supérieur à l'accroissement du chômage et même au nombre total de chômeurs. Ainsi deux phénomènes « extra-économiques », l'un d'origine démographique, l'autre d'origine culturelle, seraient suffisants pour « expliquer » le chômage.

Il faut ranger dans la même rubrique les analyses selon lesquelles il n'y a pas de véritable problème du chômage dans un pays où le nombre des chômeurs est inférieur à celui des travailleurs immigrés. Le retour au pays de cette population rétablirait l'équilibre du marché du travail pour les nationaux.

Une critique empirique

Même si l'on accepte, dans un premier temps, une analyse purement « comptable » des évolutions de la population active et du chômage, il apparaît que l'argumentation présentée est peu convaincante.

Dans le cas de la France, la comparaison des périodes 1968-1975 et 1975-1982 montre que c'est l'évolution de l'emploi qui a changé et non celle de la population active (*cf.* graphique 1 et tableau V). Les ressources de main-d'œuvre ont crû dans des proportions voisines au cours des deux périodes (respectivement + 6,6 et 7,9 % en sept ans). L'effet de la croissance démographique s'est accru mais il a été plus que compensé par l'interruption des soldes migratoires positifs ; l'impact des taux d'activité féminin s'est amplifié, mais il

TABLEAU V. — SOURCES DES VARIATIONS DE LA POPULATION ACTIVE
(variations annuelles moyennes, en milliers)

	1968-1975			*1975-1982*			*1982-1987*		
1. Effet des variations de population à taux d'activité inchangés	+228			+211			+177		
dont									
— effet de la croissance démographique			+170			+201			+177
— effet du solde migratoire			+58			+10			0
2. Effet des variations de taux d'activité	− 25			+ 31			− 75		
dont									
— Hommes		−94			− 93			−122	
- moins de 25 ans			− 44			− 26			−47
- 25 à 54 ans			+ 2			− 14			− 5
- 55 ans et plus			− 52			− 53			− 70
— Femmes		+69			+124			+ 47	
- moins de 25 ans			− 17			− 14			− 30
- 25 à 54 ans			+113			+156			+102
- 55 ans et plus			− 27			− 18			− 24
1 + 2. Variation totale de la population active	+203			+242			+102		
3. Variation du chômage	+ 56			+175			+148		

Sources : 1968-1982 : Recensements de la population. 1982-1987 : *Comptes de la nation.*

était déjà considérable avant la crise. *Comment trouver dans un mouvement tendanciellement régulier la cause de la rupture de 1973 et le triplement du volume annuel moyen d'accroissement du chômage ?*

L'examen de l'évolution entre 1982 et 1987 confirme ce diagnostic : la réduction brutale de la croissance de la population active (de + 242 000 à + 102 000 en moyenne) n'a que légèrement ralenti la croissance du chômage.

Ce premier constat est renforcé par des comparaisons internationales. Il est intéressant, de ce point de vue, de comparer l'évolution de la France avec celles de la RFA et du Royaume-Uni ; ces trois pays sont voisins par leurs caractéristiques économiques mais très différents quant à l'évolution de la démographie, de l'immigration et des taux d'activités féminins (*cf.* tableau VI). La France et la RFA enregistrent un accroissement du chômage d'ampleur voisine alors que leurs situations sont totalement opposées du point de vue de la démographie. Le Royaume-Uni, avec une croissance démographique très inférieure et un solde migratoire négatif, connaît une croissance nettement supérieure du chômage. La très faible croissance de la population active en République fédérale d'Allemagne n'empêche pas une augmentation de près de deux millions du nombre des chômeurs. Il n'existe donc aucune relation mécanique entre la croissance du chômage et celle des ressources de main-d'œuvre ; les variations de l'emploi, et en particulier de l'emploi industriel, paraissent, d'un simple point de vue statistique, plus étroitement liées à celles du chômage.

Sans justifier une thèse de sens opposé mais tout aussi mécaniciste (le chômage « expliqué » par le niveau de l'emploi), ces résultats sont incompatibles avec l'idée que la croissance du chômage est une conséquence de celle des ressources de main-d'œuvre.

Une critique théorique

Plus fondamentalement, cette thèse nous semble démentie par tous les enseignements des analyses modernes du fonctionnement du marché du travail, déjà évoquées dans la première partie de cet ouvrage. Le chômage n'est pas un écart résiduel entre une offre et une demande de main-d'œuvre qui, chacune, évoluerait selon une détermination autonome. La population active n'est pas une donnée commandée uniquement par des variables démographiques ou culturelles ; elle est elle-même fonction de la situation du marché du travail : l'arrivée de la main-d'œuvre immigrée a été commandée par des pénuries sectorielles de main-d'œuvre non qualifiée, l'accroissement du taux d'activité des femmes n'est pas seulement dû à des mutations culturelles mais tout autant à l'effet d'appel exercé par la croissance de l'emploi tertiaire. Symétriquement la chute des taux d'activité des

TABLEAU VI. — VARIATIONS DE POPULATION EN RÉPUBLIQUE FÉDÉRALE D'ALLEMAGNE, EN GRANDE-BRETAGNE ET EN FRANCE (1973-1986) (en milliers)

	RFA	*GB*	*FRANCE*
1. Variation de la population totale	– 962	+ 662	+3 189
dont			
— solde démographique	(–1 496)	(+ 803)	(+2 823)
— solde migratoire	(+ 543)	(– 141)	(+ 366)
2. Variation de la population d'âge actif (15 à 64 ans)	+3 300	+2 172	+3 977
3. Variation de la population active	+ 829	+2 138	+1 982
4. Variation du chômage	+1 955	+2 672	+1 897
5. Variation de l'emploi	–1 126	– 543	+ 85
6. Variation de l'emploi industriel	–2 209	–2 977	–1 674

Source : OCDE et OSCE.

« moins de 25 ans » et des « plus de 55 ans » est aussi bien une conséquence de l'état du marché du travail que l'expression d'une modification des comportements ou de progrès sociaux (allongement de la scolarisation, avancement de l'âge de la retraite). L'évolution de la population active est le résultat d'un mode et d'un rythme de croissance. La population active est une ressource productive disponible ; on voit mal pourquoi sa croissance pourrait être l'explication de sa sous-utilisation. Le problème est de comprendre pour quelles raisons est apparu, depuis une douzaine d'années, un désajustement durable et croissant entre les facteurs, partiellement communs et partiellement distincts, qui codéterminent l'évolution des ressources et des besoins de main-d'œuvre. Une comptabilité rétrospective des sources de variation de la population active ne fournit que des éléments partiels de réponse, la question centrale est celle de leur articulation avec les mécanismes de création et de destruction d'emplois.

2. Les caractéristiques et les comportements des chômeurs

Une seconde tentative d'explication de la croissance du chômage s'apparente à la précédente dans la mesure où elle met aussi l'accent sur le rôle de l'offre de main-d'œuvre, mais elle s'en distingue en prenant en considération non plus les variations quantitatives de l'offre mais ses aspects qualitatifs : tantôt c'est l'inadaptation des caractéristiques des chômeurs par rapport aux « besoins de l'économie » qui est incriminée, tantôt ce sont les comportements des demandeurs d'emploi dans leurs stratégies de recherche d'emploi.

Du chômage d'inadaptation...

La dynamique des économies industrielles, en période de crise comme en période de croissance, s'accompagne d'une modification permanente des structures d'emploi : transformations des qualifications sous l'influence des changements techniques, redistributions sectorielles liées au rythme inégal de croissance des branches, redéploiement géographique des activités à l'échelle interrégionale et internationale. De ce fait, deux formes de chômage peuvent apparaître.

D'une part, l'inadéquation des qualifications acquises par rapport aux exigences des postes de travail nouvellement créés expliquerait l'inemployabilité de certaines catégories de main-d'œuvre. La responsabilité repose alors sur le mauvais fonctionnement du système de formation, qu'il s'agisse de formation initiale ou de formation continue.

D'autre part, la mobilité exige des délais entre deux emplois successifs, délais d'autant plus longs que ces emplois sont plus éloignés (par leur contenu, leur localisation, etc.) et que l'information des demandeurs d'emploi est moins bonne. Il en résulte un chômage frictionnel principalement dû à l'imperfection de l'organisation du marché du travail et aux différents obstacles à la mobilité.

L'existence de ces facteurs d'inadaptation est évidente et elle contribue à expliquer l'allongement des durées de chômage pour certaines catégories de travailleurs, les moins qualifiés ou les moins mobiles. Mais constitue-t-elle un facteur d'accroissement du volume global du chômage ? Pour le prouver, il faudrait montrer que l'inadaptation des demandeurs engendre une réduction du niveau de l'emploi. Une telle démonstration peut s'appuyer sur deux types de raisonnement :

• Le niveau de l'emploi est réduit au niveau micro-économique lorsque des pénuries spécifiques de main-d'œuvre provoquent des goulets d'étranglement dans la production. Le niveau d'activité est inférieur à celui souhaité par les entreprises ; le niveau d'emploi s'en trouve réduit non seulement pour les postes de travail directement touchés par les pénuries de main-d'œuvre mais aussi pour les postes de travail complémentaires de ces derniers. Un indicateur d'une telle situation est constitué par le nombre des offres d'emploi non satisfaites. On observe incontestablement de telles situations sur le marché du travail, mais il est difficile d'y voir la cause de l'accroissement du chômage depuis dix ans. D'abord, parce que le nombre des offres d'emploi non satisfaites a brutalement diminué. Ensuite, parce que la généralisation du chômage à la grande majorité des catégories professionnelles a rendu les pénuries de main-d'œuvre moins fréquentes que dans la phase de croissance rapide et de quasi-plein emploi.

• Le raisonnement peut être transposé à l'échelle macro-économique. L'inadéquation des ressources de main-d'œuvre constitue un handicap pour la productivité et donc la compétitivité des entreprises ; des pertes de marché en résultent face aux concurrents étrangers ; elles engendrent un effet négatif sur le niveau global d'activité et d'emploi. Ici encore, l'existence de tels mécanimes n'est pas discutable, mais ils apportent peu à la compréhension des évolutions enregistrées depuis la crise : le chômage a massivement augmenté dans l'*ensemble* des économies de marché. L'inadéquation des ressources de main-d'œuvre peut contribuer à expliquer des écarts dans les niveaux de chômage régionaux ou nationaux ; elle n'explique en rien pourquoi ils ont augmenté partout.

... au chômage volontaire

Une interprétation plus générale et plus ambitieuse du chômage contemporain est née, chez certains théoriciens néo-libéraux, de l'abandon de l'hypothèse d'information parfaite sur le marché du travail [33]. Il en résulte une interprétation du chômage comme conséquence des stratégies individuelles de recherche d'emploi (théorie dite du chômage de prospection, ou *job search*). Elle peut se résumer ainsi : dans un marché du travail concret, celui qui cherche un emploi ou un meilleur emploi ne dispose que d'une information très partielle sur l'ensemble des postes de travail disponibles et accessibles pour lui à un moment donné. L'amélioration de l'information est un moyen pour trouver un emploi plus satisfaisant. Cette recherche d'information exige du temps ; il peut donc être rationnel de prolonger la période de chômage ou même de devenir chômeur si cela permet de déceler les occasions d'emploi les plus avantageuses. Le chômage serait le résultat d'un choix individuel rationnel : le demandeur d'emploi compare (et égalise à la marge), d'une part le coût de la recherche (perte de revenu liée au chômage, coûts d'acquisition de l'information, coûts de mobilité...), et d'autre part le bénéfice actualisé prévisible (supplément de revenu résultant de l'obtention d'un meilleur emploi grâce à la recherche réalisée).

Sur cette base, il est possible d'identifier les facteurs qui influent sur le niveau du chômage volontaire :

— le chômage est d'autant plus important que sont élevées l'hétérogénéité des emplois et la dispersion des taux de salaires dans chaque catégorie d'emplois ; en effet, dans de telles conditions, l'allongement du temps de recherche est particulièrement productif ;

— le chômage est d'autant plus important que sont abondants les mouvements d'entrée de nouveaux actifs (les jeunes notamment) sur le marché du travail ; en effet, ils sont plus mal informés que ceux qui ont déjà une expérience du marché et leur temps de recherche sera plus long ;

— la durée de chômage est d'autant plus longue que le niveau d'activité économique est plus élevé ; en effet, les chômeurs ont alors des estimations optimistes sur leurs possibilités d'obtenir des emplois ; au contraire, en période de récession, ils réduiront plus vite leurs prétentions (il y aurait donc corrélation négative entre taux global de chômage et durée moyenne du chômage) ;

— la durée du chômage est d'autant plus longue que

l'indemnisation des chômeurs est plus favorable ; en effet le coût de la recherche s'en trouve réduit.

Notons qu'un raisonnement parallèle s'applique au comportement des employeurs : ils peuvent, par exemple, maintenir un emploi transitoirement vacant dans l'espoir de trouver un meilleur candidat par une recherche prolongée. Ainsi peuvent coexister demandes et offres d'emploi non satisfaites.

Il est difficile de discuter le modèle de la recherche d'emploi sans faire référence à tout le contexte théorique dont il est issu [38]. Aussi nous bornerons-nous ici à montrer combien ces hypothèses semblent incompatibles avec les caractéristiques du chômage contemporain :

— pour que les stratégies de recherche d'emploi expliquent la croissance du chômage, il faudrait qu'elles provoquent un accroissement du volume de postes de travail restés vacants contre la volonté de l'employeur ; si tel n'est pas le cas, celui qui prolonge sa recherche a simplement laissé à un autre l'emploi qu'il a refusé ; or, comme nous l'avons déjà mentionné, le nombre des offres non satisfaites a fortement diminué avec la crise ;

— toutes les études montrent que plus la durée du chômage augmente, plus faible est la probabilité de trouver un emploi et plus grande la nécessité pour un demandeur de réduire ses exigences quant à l'emploi ; symétriquement la durée du chômage du demandeur est, aux yeux de l'employeur, un élément négatif parmi les critères d'embauche (elle est interprétée par lui comme un indicateur de faible employabilité) ; la possibilité d'obtenir un meilleur emploi est plus grande si on mène la recherche en étant salarié plutôt qu'en situation de chômage ;

— parmi les causes d'entrée en chômage, la part des démissions volontaires a diminué sensiblement ; or ce sont ces situations qui illustrent typiquement la théorie de la recherche d'emploi ;

— la crise coïncide avec un allongement et non une diminution des durées de chômage ; la réduction dans plusieurs pays depuis quelques années des durées et niveaux d'indemnisation n'a pas ralenti cette évolution.

Il n'est pas question de nier certains faits : l'imperfection de l'information ralentit les mises en contact entre offreurs et demandeurs d'emploi, des demandeurs refusent certains emplois dans l'espoir de trouver mieux plus tard, des chômeurs utilisent les règles de l'indemnisation pour en prolonger la durée. Plus largement, il n'est pas doûteux que les chômeurs s'efforcent, plus ou moins consciemment, de définir une stratégie de la recherche d'emploi ; mais il est clair que dans la logique même de la *job search*, la crise aurait dû provoquer chez les individus « rationnels » une réduction de la durée du chômage volontaire. L'allongement des durées effectives étant constaté partout, il faut leur chercher une autre explication.

3. Le progrès technique

Un débat séculaire

Les conséquences du progrès technique sur l'emploi et le chômage constituent depuis la révolution industrielle un thème classique de controverse. Il faut distinguer entre les débats qui portent sur les effets transitoires de l'introduction d'une technique nouvelle et ceux qui portent sur l'impact durable du progrès des technologies.

Dans le premier domaine, nous disposons d'une masse d'études monographiques dont les conclusions sont convergentes : le progrès technique est facteur d'accélération des mutations qui touchent aussi bien la composition qualitative des collectifs de travail (transformation de la division technique du travail, de l'organisation du travail et des qualifications) que la distribution sectorielle de l'emploi (naissance, essor et déclin des activités au rythme des innovations). Dès lors que l'adaptation des travailleurs à ces évolutions, souvent brutales, n'est ni parfaite, ni immédiate, il en résulte un chômage transitoire d'inadaptation, soit parce que les qualifications professionnelles acquises ne correspondent plus aux nouveaux postes de travail, soit parce que la mobilité des travailleurs exige des délais. Nous retrouvons là l'un des aspects traités au point précédent. Dans cette optique, le progrès technique constitue une source non négligeable de chômage frictionnel ; son volume peut être réduit par une politique active du marché du travail (formation professionnelle, aide à la mobilité, etc.), mais le flux continuel d'innovations technologiques réalimente constamment le processus.

Peut-on y trouver une explication de la croissance contemporaine du chômage ? La réponse est vraisemblablement négative. Nous ne disposons pas d'instrument de mesure rigoureux du rythme d'introduction de techniques nouvelles, mais deux indicateurs indirects sont utilisables : d'une part, le taux de croissance de la productivité apparente du travail qui est, en partie, déterminé par le progrès technique ; d'autre part, le taux de l'investissement productif qui constitue souvent le vecteur nécessaire pour l'introduction de nouvelles technologies. Or, ces deux taux ont enregistré une chute sensible depuis 1973 dans toutes les économies de marché industrialisées. Quelles que soient les transformations spectaculaires observées dans certaines branches, il est donc logique d'estimer que, globalement, le rythme d'introduction du progrès technique a plutôt été ralenti par la crise. En tout cas, il n'existe pas de démonstration de son accélération effective, même si l'on peut supposer que les potentialités sont considérables.

Une seconde interrogation porte sur l'existence d'un effet négatif durable du progrès technique sur l'emploi dans la mesure où il se traduit par une substitution de moyens matériels de production à du travail vivant. Ce débat est traditionnellement abordé selon la problématique dite de la *compensation*. Selon cette thèse, les techniques nouvelles auraient un effet négatif direct sur l'emploi là où elles sont mises en œuvre, mais cet effet serait compensé par une croissance indirecte de l'emploi induite par le progrès technique : développement d'activités nouvelles, croissance des branches fournissant les équipements nouveaux, développement en aval des activités utilisatrices des nouveaux produits, etc. Il est intéressant de noter les avatars de cette théorie de la compensation. Sans remonter au XIXe siècle, on constate, par exemple, que pendant toute la période de croissance forte les thèses dominantes ont affirmé l'effet positif du progrès technique sur l'emploi tandis que, depuis la crise, on voit se multiplier les études officielles qui mettent l'accent sur les réductions massives de besoins de main-d'œuvre résultant de l'introduction de nouvelles techniques (informatique, automatisation, robotique, etc.). Ce revirement est curieux et ne peut guère s'expliquer que par la fonction idéologique de telles « démonstrations ». En période de croissance forte, il s'agissait de favoriser la mise en œuvre accélérée des innovations et donc de dissiper les inquiétudes des travailleurs et de disqualifier comme « passéistes » ou « conservateurs » les analyses et les comportements qui y faisaient obstacle. En période de chômage massif, il est commode de faire du progrès technique le *deus ex machina* des suppressions d'emplois ; celles-ci sont alors présentées comme la condition inévitable de la modernisation et de la compétitivité ; la défense de l'emploi apparaît à nouveau comme l'expression d'un conservatisme à courte vue.

Une réflexion systématique s'impose donc pour sortir de ces analyses mécanicistes aux conclusions fluctuantes.

Le schéma global d'interprétation

Essayons de reconstituer les enchaînements qui relient le changement technique au chômage. Le graphique 3 en donne une présentation schématique. Rappelons d'abord que le changement technique ne « tombe pas du ciel » ; sa nature et son rythme sont fonction des critères adoptés pour orienter la recherche scientifique et technique, puis des critères de sélection de l'innovation au stade de l'introduction effective du changement technique dans la production. Ces critères peuvent être partiellement soumis à des objectifs liés au travail (éliminer des pénuries de main-d'œuvre, modifier les conditions de travail, etc.). Dès ce niveau, il n'existe pas de déterminisme mais des procédures de choix, implicites ou explicites.

La même observation s'impose lorsqu'on analyse les répercussions du changement technique sur l'activité économique. Un certain nombre d'alternatives se présentent que nous

GRAPHIQUE 3. — PROGRÈS TECHNIQUE ET CHÔMAGE

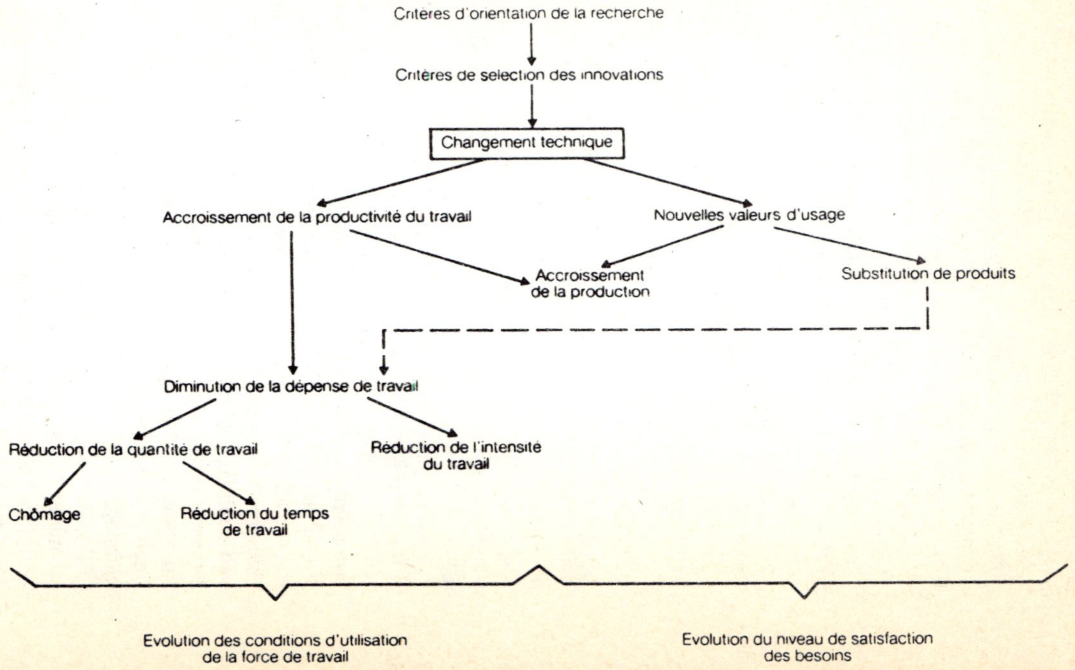

analyserons successivement pour la commodité de la présentation, mais dont il faut souligner qu'en pratique elles font l'objet de choix combinés et interdépendants.

Le changement technique porte sur les produits et/ou sur les processus de production. Dans le premier cas, il provoque l'apparition de valeurs d'usage nouvelles (biens matériels ou services), dans le second cas, il permet l'élévation de la productivité du travail.

La création de nouvelles valeurs d'usage provoque soit l'apparition d'activités entièrement nouvelles, donc l'accroissement de la production, soit la substitution de produits nouveaux à des produits anciens. Dans ce second cas, il est vraisemblable, mais non nécessaire, que la quantité de travail contenue dans les produits nouveaux soit plus faible que celle contenue dans les produits anciens. Le poids respectif de ces deux effets, accroissement d'activité ou substitution d'activité, dépend de l'évolution de la demande.

L'amélioration de la productivité du travail, née du changement des techniques de production, ouvre deux possibilités : accroissement de la production avec une dépense de travail inchangée, réduction de la dépense de travail à niveau de production inchangé (ou toute combinaison des deux). La solution dépend ici aussi de l'évolution de la demande.

La diminution de la dépense de travail peut donc résulter d'un accroissement de la productivité, plus rapide que celui de la production éventuellement amplifié par un effet de substitution sur les produits. La diminution de la dépense de travail nécessaire rend possible une réduction de l'intensité du travail et/ou une réduction de la quantité de travail (mesurée en temps). Dans la mesure où la quantité de travail diminue, cela peut se traduire soit par une réduction du temps de travail sous toutes ses formes (durée hebdomadaire ou annuelle, prolongation de la scolarité, avancement de l'âge de la retraite, etc.), soit par l'accroissement du chômage.

Il existe donc bien une relation *possible* entre changement technique et chômage, mais cette relation n'est en rien automatique. Elle est fonction des processus économiques et sociaux qui opèrent dans trois domaines principaux :

— les critères d'orientation de la recherche et de sélection des innovations ;
— le niveau et les modes de satisfaction des besoins ;
— les conditions d'utilisation de la force de travail.

Le changement technique n'est pas, par nature, créateur ou destructeur d'emplois ; il modifie les conditions de détermination du niveau de l'emploi. En résultera-t-il plus de consommation, plus de temps libre, plus de chômage ? La réponse ne réside pas dans le progrès technique mais dans les modes de régulation du système productif.

La recherche de déterminismes partiels se révèle décevante. Certes, elle permet d'identifier des phénomènes d'une réalité indiscutable et dont la relation avec la croissance du chômage peut être concrètement illustrée. Mais la mise en évidence d'interdépendances ne permet d'établir aucune causalité. Surtout, elle ne peut expliquer la cassure observée depuis 1973 dans l'évolution de l'emploi et du chômage.

II / Le cœur du problème

Les pays capitalistes industrialisés, pris dans leur ensemble, connaissent en 1973 et 1974 une rupture qui met en cause l'équilibre économique et social instauré depuis la fin de la Seconde Guerre mondiale. A une dynamique de croissance rapide et durable au voisinage du plein emploi succède un état d'instabilité faisant alterner récession et croissance lente tandis que rien ne semble pouvoir endiguer, sauf temporairement, la croissance du chômage. Au centre de cette crise, apparaît une mise en cause de la rentabilité du capital qui, par ses effets sur le niveau et la composition de l'investissement et de la production, détruit l'équilibre approximatif qui s'était établi sur le marché du travail.

1. Chômage « classique » et chômage « keynésien »

Depuis l'éclatement de la crise, un débat se poursuit entre ceux qui situent l'origine du ralentissement de l'activité, du fléchissement de l'emploi et de la croissance du chômage dans l'insuffisance du niveau de la demande globale et ceux qui expliquent les mêmes phénomènes par la chute de la rentabilité du capital.

Un modèle théorique

Pour saisir la nature de cette controverse, nous nous appuierons sur la formulation proposée par Edmond Malinvaud [36], [37] qui utilise la théorie dite de « l'équilibre général à prix fixe » (souvent appelée théorie du déséquilibre). Cette approche repose sur le rejet d'une hypothèse essentielle de la théorie libérale traditionnelle de l'équilibre (dite théorie néo-classique), selon laquelle au cours de chaque période, l'équilibre entre l'offre et la demande se réalise sur chaque marché (marchés des biens et marché du travail) par des variations de prix. Cela revient à supposer que les prix sont suffisamment flexibles pour se fixer à un niveau tel que toute demande rencontre une offre et réciproquement. Il en serait de même sur le marché du travail où toute demande de travail émanant des employeurs (c'est-à-dire toute offre d'emploi dans le vocabulaire courant) rencontrerait une offre de travail émanant de la population active (c'est-à-dire une demande d'emploi). Ainsi, dans la théorie néo-classique de l'équilibre, ne peut-il exister que deux formes de chômage : d'une part, un chômage volontaire lorsque des demandeurs d'emploi n'acceptent pas de travailler au taux de salaire qui se fixe sur le marché du travail ; d'autre part, un chômage transitoire résultant des délais d'adaptation de l'offre à la demande, tel que nous l'avons analysé dans le chapitre précédent.

La théorie de l'équilibre de prix fixe adopte une hypothèse opposée, celle de la *rigidité des prix en courte période*. Ces derniers ne s'adaptent pas assez vite pour assurer sur chaque marché l'équilibre de l'offre et de la demande. L'équilibre ne se réalise donc pas par ajustement des prix mais par ajustement des quantités : si l'offre est plus grande que la demande, certaines offres ne trouvent pas preneur et, réciproquement, si la demande est excédentaire certaines demandes ne sont pas satisfaites. Cette problématique permet de rendre compte de l'existence d'un *chômage involontaire* ; il apparaît lorsque, pour un taux de salaire donné sur le marché du travail, la quantité de travail offerte (par les « demandeurs d'emploi ») est supérieure à la demande de travail (ou

« offre d'emploi ») émanant des employeurs. La rigidité du taux de salaire interdit un ajustement immédiat ; de ce fait, une partie des travailleurs disposés à accepter le taux de salaire courant ne trouveront pas d'emploi.

Au cours d'une même période, les désajustements peuvent être de même sens ou de sens opposé sur le marché du travail et sur le marché des biens. Par combinaison on détermine quatre types de situations possibles (*cf.* graphique 4).

• *Le chômage keynésien* [1] résulte de la conjonction d'offres excédentaires sur les deux marchés : des entreprises sont disposées à produire plus mais ne le font pas par suite de l'insuffisance de la demande ; des travailleurs se présentent sur le marché du travail et ne trouvent pas d'emploi. L'insuffisance du niveau de l'activité économique explique l'existence de ce chômage alors que les travailleurs comme les employeurs souhaiteraient atteindre un niveau d'emploi et de production plus élevé. Dans ce cas, une politique de soutien de la demande réduirait les déséquilibres donc le chômage.

• *Le chômage classique* naît de l'existence d'excédents de sens opposés sur les deux marchés. Comme dans le cas précédent, les ressources de main-d'œuvre disponibles sont supérieures au niveau de l'emploi mais sur le marché des biens, la situation est inversée : les entreprises offrent des quantités inférieures à la demande. Cette situation peut résulter d'une insuffisance des équipements productifs (contrainte physique) ou du fait qu'un niveau de production plus élevé est jugé non rentable par les entreprises (contrainte de marché). Sur une longue période, la première contrainte s'apparente à la seconde : l'insuffisance des équipements productifs résulte d'un niveau trop faible des investissements dans le passé, ce qui s'explique par le fait que des investissements additionnels étaient jugés non rentables par les entreprises.

---

1. Du nom de John Maynard Keynes, économiste anglais qui publia en 1936 *La Théorie générale de l'emploi, de l'intérêt et de la monnaie*, expliquant l'existence d'un chômage involontaire par l'insuffisance de la demande globale.

GRAPHIQUE 4. — TYPES D'ÉQUILIBRES DE PRIX FIXES

		MARCHÉ DES BIENS	
		Excès d'offre	Excès de demande
MARCHÉ DU TRAVAIL	Excès d'offre (c'est-à-dire de demandes d'emplois)	Chômage keynésien	Chômage classique
	Excès de demande (c'est-à-dire d'offres d'emplois)		Inflation contenue

Source : E. MALINVAUD [36].

C'est donc l'insuffisance de la rentabilité qui engendre le chômage classique. Une politique de soutien de la demande accroîtrait le déséquilibre, c'est-à-dire l'excès de demande sur le marché des biens.

• *L'inflation contenue* est la situation symétrique du chômage keynésien : l'offre des entreprises est inférieure à la demande, mais la pénurie de main-d'œuvre ne permet pas d'accroître le niveau de production ; une telle situation, qui correspond à des phases de croissance économique rapide, est nécessairement génératrice d'inflation ; seule la rigidité des prix en courte période retarde le processus inflationniste.

• La quatrième situation logiquement concevable n'a pas d'intérêt pratique puisqu'elle suppose à la fois une offre de biens supérieure à la demande et une pénurie de main-d'œuvre pour les entreprises : cela n'a pas de sens en économie de marché, tout au moins au niveau de l'ensemble de l'économie.

Il n'est évidemment pas suffisant de faire l'inventaire des types d'équilibres possibles en courte période. Le problème principal est de comprendre quelles évolutions ils engendrent. En effet, si l'on étudie une période plus longue, l'ensemble des grandeurs, y compris les prix, varient sous l'influence des pénuries et des excédents enregistrés. Sans prétendre résumer ici une analyse complexe, nous en présenterons les conclusions principales :

— le chômage classique n'est normalement pas une situation susceptible de se perpétuer ; les pénuries sur le marché des biens provoquent de période en période un accroissement des prix qui tend à restaurer des conditions de rentabilité ; toutefois une incertitude majeure apparaît : l'évolution se réalisera-t-elle en direction d'une situation d'inflation contenue ou de chômage keynésien ? Selon Edmond Malinvaud la seconde solution est la plus vraisemblable ;
— le chômage keynésien n'engendre aucun mécanisme de rééquilibre automatique ; il peut se reproduire indéfiniment en l'absence d'une politique économique appropriée ; dans ce contexte, la coexistence durable du chômage et de l'inflation devient une caractéristique structurelle et non une anomalie transitoire ;
— le maintien durable d'un chômage keynésien est générateur d'un chômage classique potentiel qui se manifestera lors de toute amorce de reprise ; en effet, l'insuffisance du niveau de l'investissement crée progressivement une situation dans laquelle il ne sera plus rentable pour les entrepreneurs de répondre à un accroissement de la demande.

Jusqu'ici, nous avons raisonné dans le cadre simplifié d'un modèle global avec un seul marché des biens et un seul marché du travail. Il est naturellement possible d'enrichir l'analyse en distinguant différents secteurs qui se trouvent, au cours de la même période, dans des situations différentes ; des secteurs en position de chômage keynésien peuvent coexister avec d'autres en position de chômage classique. Les évolutions qui en résultent sont plus complexes ; l'une des conséquences mérite d'être soulignée : le chômage sera d'autant plus fort qu'est plus grande la disparité dans la situation relative des différents secteurs.

L'enjeu de politique économique

Les débats théoriques sur la nature du chômage contemporain ne sont pas que raffinements d'experts. Ils sont au centre de l'affrontement entre les deux stratégies de politique économique qui s'opposent depuis l'éclatement de la crise. Selon le diagnostic posé sur la cause principale de la croissance du chômage, les solutions proposées seront divergentes.

Les économistes d'inspiration libérale considèrent que nous sommes fondamentalement en présence d'un chômage « classique ». L'objectif est donc la création d'une dynamique *rentabilité-investissement-emploi :* la restauration de la rentabilité des entreprises doit leur fournir à la fois les moyens financiers et la motivation pour des investissements nouveaux ; la réalisation de ces investissements est la condition de la création non artificielle d'emplois productifs. De telles stratégies ont inspiré les politiques de la plupart des pays capitalistes industrialisés dans les dix dernières années. Elles se sont heurtées à une difficulté évidente : l'élargissement des marges de profit suppose une pression sur les deux autres composantes du produit national, la masse salariale et les prélèvements publics. Dans ce cas, comment espérer voir les profits se transformer en investissements au moment où la demande globale se trouve comprimée ? Si les investissements se réalisent, ce seront des investissements de productivité, destinés à améliorer la compétitivité face à une demande stagnante, et non des investissements de capacité, destinés à accroître le niveau de production. Ils auront donc un effet destructeur et non créateur d'emplois.

La seule issue à cette contradiction est l'élargissement des parts que le système productif national occupe sur le marché mondial. Les investissements améliorent la compétitivité de l'économie nationale. L'élargissement des débouchés, ainsi obtenu, permet d'accroître la production et donc l'emploi. Même si ce résultat est atteint, il faut souligner qu'il ne peut l'être qu'aux dépens des économies concurrentes. Si les politiques libérales se généralisent, chaque pays contribuera, par sa politique, à déprimer la demande globale à l'échelle mondiale tout en espérant y accroître sa part de marché. C'est un jeu à somme nulle, et même à somme négative, qui engendre un cycle cumulatif régressif.

A l'opposé, le diagnostic du chômage actuel comme un chômage principalement keynésien conduit à donner la priorité à la relance de l'activité économique grâce à une action sur la demande globale. C'est la dynamique *demande-production-emploi* qui est alors privilégiée. Elle repose sur l'existence simultanée de capacités de production et de forces de travail inemployées ainsi que de besoins non satisfaits. La croissance du niveau de production dans ce contexte pourrait tout à la fois réduire le chômage et accroître la productivité grâce à une utilisation plus forte des ressources productives. Les expériences nationales inspirées de cette logique ont échoué sous la pression de la « contrainte extérieure » : dans les structures actuelles, la relance de la demande a des effets inflationnistes et se heurte à l'existence de secteurs d'activité dont l'offre est inélastique. Maintenir un taux de croissance supérieur à celui des économies nationales concurrentes, c'est engendrer un déficit de la balance commerciale qui appelle inéluctablement le retour à l'austérité.

La seule issue apparaît à l'échelle internationale ; l'harmonisation des politiques nationales de relance, modulées selon la situation initiale des différentes économies, devrait assurer des compensations dans le domaine des échanges commerciaux. Le problème est que la réussite de ces stratégies repose sur l'accord des pays qui, parce qu'ils sont dans une situation favorable du point de vue de l'inflation et de la balance commerciale, accepteraient de sacrifier cet avantage relatif sur l'autel de la relance mondiale. L'expérience montre que ces espoirs sont vains : ces pays sont plus portés à se poser en modèles qu'à renoncer au profit des autres à la situation qu'ils ont acquise.

Ce double constat explique le pessimisme qui domine actuellement dans les perspectives à moyen terme d'évolution du chômage. Quels que soient les résultats attendus respectivement des politiques de restauration des profits ou de stimulation de la demande, aucun expert n'envisage aujourd'hui qu'elles puissent assurer un renversement significatif et durable de la situation sur le marché du travail.

Un faux débat ?

Le débat sur la nature du chômage, chômage classique ou chômage keynésien, a une importance pratique essentielle dans la période contemporaine puisqu'il est lié au choix de l'axe prioritaire de la politique économique. On doit cependant s'interroger sur la validité de ses fondements théoriques, c'est-à-dire sur la pertinence d'une opposition, en économie de marché, entre logique du profit et logique de la demande.

Rappelons quelques énoncés élémentaires. Toutes les théories économiques admettent, même si leurs vocabulaires sont différents, que le niveau d'activité d'une économie capitaliste est commandé, en longue période, par le mécanisme d'accumulation et de mise en valeur du capital. Dans la théorie néo-classique, qui constitue la référence des économistes libéraux, la décision d'investissement repose sur le calcul de son rendement pendant la durée d'utilisation. Ce rendement est mesuré par une comparaison des coûts de production et des recettes escomptées. Ces dernières, à leur tour, sont fonction de prévisions sur la demande solvable future. La demande prévue au même titre que les coûts de production est donc un déterminant essentiel de la rentabilité. A l'échelle macro-économique, les salaires et les dépenses publiques interviennent aussi bien comme composantes de la demande que comme composantes du coût. Opposer insuffisance des profits et insuffisance de la demande n'a donc pas de sens. Une entreprise à laquelle on garantirait des taux de salaires et de prélèvements publics très faibles n'investirait pas pour autant si elle n'avait pas la conviction raisonnée que les productions permises par l'investissement rencontreraient une demande solvable suffisante pour assurer la rentabilité de l'opération.

Dans la problématique keynésienne, l'insuffisance de la demande globale, en l'absence d'intervention publique, s'explique par l'insuffisance du niveau de l'investissement, lui-même commandé par les prévisions de rentabilité nette que font les entrepreneurs (comparaison de l'efficacité marginale du capital et du taux d'intérêt). Le niveau de la demande, en courte période, est donc en dernier ressort déterminé par la rentabilité anticipée en moyenne ou longue période. Une relance de la demande, impulsée par exemple par l'accroissement des salaires ou des dépenses publiques, n'aura d'effet durable sur l'emploi que si elle provoque une reprise des investissements productifs ; cette dernière n'aura lieu que si les entreprises ont des prévisions positives sur la rentabilité future de leurs investissements. Ici encore, demande et profit sont interdépendants.

A notre avis, l'opposition entre chômage classique et chômage keynésien, c'est-à-dire chômage provoqué par l'insuffisance de la rentabilité et chômage provoqué par l'insuffisance de la demande, n'a de signification à l'échelle macroéconomique qu'en courte période. Elle ne peut être formellement conservée en moyenne période que si l'on réduit la moyenne période à une succession de courtes périodes qui s'enchaînent dans des conditions générales de production inchangées.

Si l'on admet que le chômage massif est un produit de la crise et que la crise est l'expression de mutations profondes dans le fonctionnement du système productif, le débat chômage classique-chômage keynésien devient secondaire. Il n'est pas sans intérêt pour distinguer deux aspects d'un même mécanisme global et pour réfléchir sur les points d'intervention efficace de la politique économique, mais il ne nous dit rien sur la question essentielle : pourquoi et comment les économies capitalistes développées sont-elles passées d'une phase durable de croissance rapide, avec un taux de chômage faible, à une phase durable de croissance lente avec un taux de chômage rapidement croissant ?

2. La rupture de 1973

D'une croissance rapide au voisinage du plein emploi...

Au cours des dix années qui précèdent l'éclatement de la crise, le taux de chômage annuel moyen de l'ensemble des sept principaux pays de l'OCDE oscille entre un minimum de 2,5 % (en 1966) et un maximum de 3,8 % (en 1971 et 1972). Même si une tendance à la hausse se dessine au début de la décennie soixante-dix, nous sommes loin du mouvement qui, déclenché en 1974, amènera ce taux à 8,6 % pour l'année 1983. Si l'on tient compte de l'existence d'un minimum de chômage frictionnel impossible à éliminer (délai d'attente entre deux emplois successifs) et de chômage volontaire (refus des conditions du marché du travail ou stratégie de recherche d'emploi), on peut estimer que les économies de marché industrialisées avaient durablement atteint une situation proche du plein emploi. Comment expliquer cette situation exceptionnelle dans l'histoire du capitalisme [1] ?

Elle résulte principalement d'un mouvement de croissance très rapide de la production associé à la généralisation du modèle de production de masse et de consommation de masse dans les économies les plus avancées. Ce modèle entraîne des gains élevés de productivité qui assurent tout à la fois la rentabilité des investissements et la possibilité d'une croissance du pouvoir d'achat des salariés. Ainsi le circuit trouve-t-il sa cohérence : la rentabilité des investissements permet la poursuite du processus d'accumulation du capital, la croissance du pouvoir d'achat garantit celle des débouchés pour les investissements nouveaux.

Si les taux de croissance de la productivité sont étroitement corrélés aux taux de croissance de la production, ils demeurent d'un niveau légèrement inférieur et, de ce fait, la quantité de travail nécessaire augmente lentement. Un léger mouvement de réduction de la durée du travail amplifie l'évolution en termes de nombre d'emplois. Ainsi, pour l'ensemble des pays de l'OCDE, ce nombre augmente-t-il légèrement chaque année ; de 1965 à 1973, il s'accroît de 8,8 % au total.

Dans le même temps, les ressources globales de main-d'œuvre évoluent à un rythme voisin : la population totale (immigration comprise) s'accroît de 8,3 %, la population d'âge actif (population âgée de 15 à 64 ans) de 9,5 %, le taux d'activité passe de 42,8 % à 43,3 %. Ce quasi-équilibre global ne doit pas faire ignorer l'ampleur des restructurations qui touchent l'emploi : l'essor des activités industrielles et tertiaires modernes requiert un afflux important de main-d'œuvre nouvelle : selon les pays, les périodes et les secteurs,

1. Nous prenons appui ici sur de nombreux travaux qui ont été menés depuis une dizaine d'années, tant sur le plan statistique que sur le plan théorique, notamment autour des théories de la régulation. Pour une présentation d'ensemble et une bibliographie : Robert BOYER, *La Théorie de la régulation : une analyse critique*, La Découverte, Paris, 1986.

différentes sources sont mobilisées : l'immigration, la main-d'œuvre provenant des secteurs dits « précapitalistes » en déclin (agriculture, artisanat, petit commerce...), certaines catégories de main-d'œuvre féminine jusqu'alors inactives, etc. Au total, compte tenu d'un faible dynamisme démographique interne, compte tenu aussi de la baisse des taux d'activité des personnes âgées et des jeunes (prolongation de la scolarité), les secteurs dynamiques se heurtent fréquemment à des problèmes de pénurie de main-d'œuvre.

Une dernière caractéristique importante de cette période est relative aux relations entre investissement et emploi. La formation de capital a des effets contradictoires sur les besoins de main-d'œuvre. Lorsque l'investissement a comme objet, avec des techniques de production inchangées, d'accroître les capacités de production, il a un effet positif sur l'emploi : moyens matériels de production et force de travail sont alors dans un rapport de complémentarité. Lorsque, au contraire, l'investissement a comme objet, pour un niveau de production inchangé, d'introduire des techniques de production plus efficaces, il a un effet négatif sur l'emploi : moyens matériels de production et de force de travail sont dans un rapport de substitution. En pratique, les deux mouvements sont le plus souvent mêlés : l'investissement vise tout à la fois à accroître le niveau de production et la productivité du travail. Tout dépend alors du rythme relatif des deux variations. Au cours de la période qui précède la crise, c'est globalement le premier mouvement qui l'emporte : dans le cas de l'économie française, notamment, ce sont les branches où le taux d'investissement est le plus élevé qui réalisent à la fois les plus forts progrès de productivité et la plus forte croissance de l'emploi.

Un « cercle vertueux » semble donc s'être établi qui unit harmonieusement l'évolution de la production et de la productivité, celle de l'accumulation et de la rentabilité, celle enfin de l'emploi et du pouvoir d'achat. Cette dynamique recèle cependant une contraction interne qui en interdit la prolongation indéfinie. Le maintien d'un taux élevé d'augmentation de la production et de la productivité du travail n'est en effet obtenu qu'au prix d'un coût croissant en termes d'investissement. Le rapport entre la production réalisée et le capital investi pour y parvenir (rapport souvent appelé « productivité apparente du capital ») tend à diminuer dans les principales économies capitalistes. Selon les pays (et selon les méthodologies adoptées pour sa mesure), le mouvement de baisse apparaît à des dates différentes au cours de la décennie soixante. La nécessité d'immobiliser un capital sans cesse plus important pour maintenir la croissance de la production exerce un effet négatif sur le taux de profit (c'est-à-dire le rapport entre profits réalisés et capital investi). Cet effet peut être compensé par différentes voies, notamment :

— par la croissance de la part des profits dans la valeur ajoutée, aux dépens des salaires : ce mouvement a pu jouer dans les premières étapes de la phase de croissance rapide ; il a tendu partout à s'épuiser, en particulier parce que les pénuries de main-d'œuvre donnaient aux salariés un pouvoir de négociation favorable ; à partir de 1970, au plus tard, la part salariale tend à augmenter dans tous les grands pays capitalistes ;

— par une réduction du prélèvement fiscal sur la production : ce processus a bien joué dans différents pays, mais il ne peut se poursuivre indéfiniment.

Au total, à partir de 1969, un mouvement généralisé de baisse du taux de profit est observable dans les principales économies capitalistes ; dans plusieurs cas, il s'était amorcé antérieurement.

Le besoin sans cesse croissant de capitaux et la pression sur les profits conduisent les entreprises à recourir massivement à l'endettement pour financer l'investissement, relayant ainsi un autofinancement devenu insuffisant. Cette évolution accroît leur fragilité tout en contribuant, en raison de la hausse des taux d'intérêt, à réduire les marges de profit net. L'accélération de l'inflation, nécessaire pour sauvegarder les profits face à la croissance des salaires nominaux, joue un rôle d'amplificateur.

Tous les éléments sont réunis pour une rupture de ce pseudo-équilibre de croissance rapide. La crise du système monétaire international à partir de 1971, les politiques conjoncturelles de freinage de l'activité adoptées par la plupart des pays en 1973, le quadruplement du prix du pétrole fin 1973 vont se conjuguer pour déclencher effectivement cette rupture.

... à une rupture durable de la dynamique d'accumulation

La période que nous avons vécue depuis 1974 n'est pas homogène ; elle est marquée par deux grandes récessions, 1974-1975 et 1980-1982, séparées par une phase de croissance lente tandis que la reprise apparue en 1983, à l'échelle de l'économie mondiale, semble avoir engendré une nouvelle phase de croissance tendanciellement lente, irrégulière et incertaine. Sans entrer dans l'examen des fluctuations internes à la crise, il est possible d'opposer ses caractéristiques générales à celles de la période antérieure. Les différences portent d'abord sur les performances macro-économiques globales ; elles tiennent ensuite aux relations entre production, productivité et emploi.

Les performances macro-économiques sont marquées par un processus de dégradation générale. Elles expliquent, pour les économies européennes (les cas des Etats-Unis et du Japon exigeraient une analyse spécifique), l'interruption de la création nette d'emplois. La chute des taux de croissance de la production en constitue la cause principale. Sectoriellement, c'est le renversement des tendances de l'emploi industriel qui constitue le facteur décisif : neuf millions d'emplois industriels perdus entre 1970 et 1986 pour l'Europe des Dix. Cette évolution s'accompagne d'une chute des taux d'investissement. Au « cercle vertueux » des années soixante s'est donc substitué un « cercle vicieux » dont l'échec des politiques libérales comme des politiques keynésiennes illustre bien la nature : dans la logique de l'économie de marché, il n'existe de possibilités de reprise *durable* de la croissance que par l'intermédiaire des investissements des entreprises. Cela suppose, nous l'avons vu, les moyens d'investir, donc des profits *réalisés* dégageant une capacité d'autofinancement, et l'envie d'investir, donc des profits *prévisibles*, eux-mêmes fonction d'hypothèses sur l'évolution future des coûts de production et de la demande solvable. Les tentatives de relance par la compression des coûts de production ont exercé des effets déflationnistes qui ont déprimé la demande solvable. Les tentatives de relance par la demande ont déclenché des effets inflationnistes et des déséquilibres des échanges extérieurs qui y ont rapidement mis fin. Globalement, les pays de l'OCDE n'ont pu échapper à ce dilemme ; certains peuvent mieux tirer leur épingle du jeu soit par le gain de parts de marché, soit comme les Etats-Unis, parce qu'ils ont échappé jusqu'ici à la contrainte externe grâce au rôle du dollar ; dans tous les cas, ils ne font que transférer sur leurs concurrents le coût de leur relative réussite.

La prise en compte des relations entre production, productivité et emploi complète l'analyse des déterminants de la croissance du chômage [32, 42, 43]. Elle permet, très sommairement, d'illustrer les différences d'évolution entre Japon, Etats-Unis et Europe (cf. tableau VII). Au Japon, le taux de croissance de la production est resté suffisamment élevé pour que, malgré un accroissement relativement rapide de la productivité, l'économie conserve une capacité de création d'emplois. Aux Etats-Unis, ce sont les taux très faibles d'accroissement de la productivité qui expliquent, malgré la chute de la croissance de la production, l'évolution positive de l'emploi (essentiellement tertiaire). En Europe, la croissance de la productivité a ralenti moins vite que celle de la production, au point de lui devenir supérieure dans la période 1979-1985 ; la création d'emplois est d'abord devenue très faible, puis négative. Cela s'explique principalement par une modification de la composition de l'investissement : la part des investissements de productivité s'est accrue relativement à celle des investissements de capacité ; à l'égard du travail, l'effet de substitution l'a emporté sur l'effet de complémentarité. Ainsi un volume d'investissement sensiblement réduit a-t-il été suffisant, renforcé par des politiques plus rigoureuses de gestion de la main-d'œuvre, pour assurer des gains de productivité non négligeables, surtout dans l'industrie.

Cela permet de mesurer les risques d'une politique de relance qui privilégierait la stimulation de l'investissement (voir plus haut). En l'absence d'une modification des prévisions des entrepreneurs sur l'évolution à moyen terme de la demande, l'accroissement de l'investissement déclenche, comme l'expérience l'a montré, des investissements de productivité dont l'effet sur l'emploi est globalement négatif.

La crise que nous vivons est donc bien, par ses origines et par les processus qui la perpétuent, liée aux conditions de mise en valeur du capital : contradiction entre, d'une part, la volonté de restaurer les marges de profit, pour financer l'investissement et renforcer la productivité, et, d'autre part, la nécessité d'un accroissement de la demande solvable pour que ces investissements aient un effet générateur d'emploi et non de substitution à l'emploi. La montée du chômage en est une conséquence, médiatisée par divers mécanismes : décisions d'investissement, restructurations industrielles, partage salaires-profits, concurrence internationale, composition de la demande, déterminants des taux d'activité.

TABLEAU VII. — TAUX DE CROISSANCE ANNUELS MOYENS DE LA PRODUCTION, DE LA PRODUCTIVITÉ ET DE L'EMPLOI

	1968-1973			*1973-1979*			*1979-1985*		
	USA	Japon	Europe*	USA	Japon	Europe	USA	Japon	Europe
Production (a)	3,3	8,8	4,8	2,6	3,6	2,4	2,1	4,4	1,0
Productivité (b)	1,2	7,7	4,3	0,2	2,9	2,2	0,7	3,2	1,5
Emploi	2,1	1,1	0,5	2,4	0,7	0,2	1,4	1,2	−0,4

* Pays de la CEE.
a. Produit intérieur brut.
b. Produit intérieur brut par personne occupée.
Source : [32] et OCDE.

Une étude réalisée en 1985 par le commissariat général du Plan donnait les éléments d'un calcul simple : pour ramener en l'an 2000 le chômage en France à son volume de 1973, il faudrait, selon les hypothèses adoptées sur la flexion des taux d'activité, créer entre 250 000 et 400 000 emplois par an ; or, dans sa période de plus forte croissance, entre 1959 et 1974, l'économie française a créé en moyenne

160 000 emplois par an. Ces prévisions sont évidemment approximatives, mais l'ordre de grandeur est tel qu'une conclusion s'impose : un retour généralisé à une situation proche du plein emploi semble durablement exclu dans le cadre des mécanismes actuels de fonctionnement des économies de marché industrialisées.

Ce constat permet de mieux comprendre les ambitions et l'efficacité limitées qui ont caractérisé les politiques de l'emploi face à la crise.

Troisième partie

Les limites des politiques

L'examen des débats théoriques apporte au moins un résultat indiscutable : le développement généralisé d'un chômage massif est le produit d'une crise des mécanismes de régulation de la croissance dans les économies capitalistes développées. Fondamentalement, le problème de la lutte contre le chômage ne peut être posé qu'à ce niveau ; il est commandé par le mode d'insertion de la « variable emploi » dans les stratégies de développement économique et social à long terme. Le traitement d'une telle question échappe largement au contenu de cet ouvrage ; nous nous bornerons à esquisser quelques orientations en conclusion.

L'analyse portera ici sur un champ plus restreint, celui des « politiques de l'emploi » au sens usuellement donné à ce terme. Leur objet est de définir, dans le cadre de conditions données de fonctionnement du système économique, quelles sont les formes d'intervention permettant de réduire l'ampleur des déséquilibres sur le marché du travail et d'en atténuer le coût, économique et social. Dans ce domaine, un constat, à première vue paradoxal, s'impose : l'analogie des panoplies d'instruments mis en œuvre dans les différents pays alors que les orientations de la politique économique y ont été fort contrastées. Il est donc utile dans un premier temps de procéder à un inventaire des moyens qui sont, dans leurs grandes lignes, communs à toutes les politiques avant de déterminer ce qui différencie qualitativement ces politiques.

Soulignons l'extrême complexité du dossier : les interventions des pouvoirs publics peuvent relever de l'Etat ou des collectivités territoriales ; elles se combinent avec des dispositifs mis en place, par conventions collectives, entre employeurs et salariés ; elles sont parfois complétées par des « plans sociaux » adoptés par les entreprises lors de réductions d'effectifs ; enfin, pour les pays de la CEE, s'y ajoutent des interventions financées sur ressources communautaires. Ces dispositifs ont connu de multiples modifications depuis le début de la crise ; seules seront présentées ici les orientations dominantes et les principaux débats de fond concernant les objectifs et l'efficacité de ces politiques.

I / Les instruments d'action

La politique de l'emploi naît du constat de déséquilibres sur le marché du travail. Deux types de moyens d'action peuvent être envisagés : on peut considérer le niveau d'emploi comme donné et s'efforcer de faire face à l'excédent des ressources de main-d'œuvre disponibles (politiques dites « passives ») ; on peut aussi s'efforcer d'agir positivement à la marge sur le niveau d'emploi, tout en sachant qu'il est en dernier ressort commandé par des variables macroéconomiques (politiques dites « actives »). Dans les deux cas, l'efficacité des politiques est liée à l'intervention d'institutions spécialisées qui ont pour fonction de réguler le fonctionnement du marché du travail.

Avant d'entamer un examen détaillé du contenu de ces politiques, il est utile d'apprécier l'ampleur des moyens financiers qu'elles mobilisent et l'impact qu'a eu la crise sur leur volume et leur composition. Nous prendrons appui sur une étude exhaustive réalisée pour la période 1973-1987 en France [45] ; (*cf.* tableau VIII). La première constatation porte sur l'ampleur de la croissance des dépenses (multiplication par 5 des budgets en francs constants ; multiplication par 4 de leur part dans le produit national) ; la seconde constatation porte sur la déformation de leur structure : les mesures de politique dite passive se taillent progressivement la part du lion. Bien qu'il n'existe pas de statistiques

TABLEAU VIII. — DÉPENSE PUBLIQUE POUR L'EMPLOI EN FRANCE

	Composition (en %)				Niveau en 1987 (en francs constants) indice 100 en 1973	
	1973		1987			
1. Politique « passive » dont	34,1		63,2		910	
— Indemnisation des chômeurs		18,6		37,2		990
— Incitation au retrait d'activité		15,5		26,0		829
2. Politique « active » dont	63,3		35,3		277	
— Maintien de l'emploi		1,4		1,4		521
— Promotion de l'emploi		4,9		7,4		748
— Aide à l'activité		0,8		1,9		1 226
— Formation professionnelle		56,2		24,6		216
3. Régulation du marché du travail	2,6		1,4		274	
Total	100 %		100 %		495	
Part dans le Produit Intérieur Brut (%)	0,90		3,60			

Source : Comptes de l'emploi et de la formation professionnelle [45].

rigoureusement comparables à l'échelle internationale, il semble que le mouvement soit partout analogue : le gonflement du chômage a accru mécaniquement le poids de l'indemnisation [48].

1. Les politiques dites passives

On regroupe sous ce terme des instruments qui sont, à première vue, de nature purement libérale. Le niveau d'emploi étant déterminé par les conditions générales de l'activité économique, toute action volontariste sur cette grandeur risquerait de fausser la logique du marché. La seule possibilité est de gérer le déséquilibre soit en le rendant socialement tolérable grâce à l'indemnisation des chômeurs, soit en en réduisant l'importance apparente par l'incitation au retrait de la population active.

Notons dès maintenant que cette appréciation doit être nuancée : les transferts sociaux engendrés par de telles mesures ont un effet non négligeable sur la demande solvable si l'on admet que leurs bénéficiaires ont une propension à consommer particulièrement élevée. La politique dite passive peut donc s'intégrer dans une logique keynésienne d'action sur le niveau de l'activité économique et, par là, de l'emploi global.

L'indemnisation des chômeurs

Lorsque la crise éclate, les différents pays disposent de systèmes d'indemnisation des chômeurs qui ont été conçus dans la logique de la période de croissance rapide : il s'agissait de faire face à un chômage de faible ampleur provoqué soit par des récessions conjoncturelles, soit par les transferts de main-d'œuvre associés à la croissance inégale des différentes branches et à l'introduction de nouvelles technologies. L'accroissement du nombre de chômeurs, l'allongement des durées de chômage, le développement des formes de chômage répétitif mettent en cause la cohérence et l'équilibre financier des régimes d'indemnisation. Deux débats sont particulièrement aigus : sur la logique de l'indemnisation, assurance ou assistance, et sur le niveau de l'indemnisation.

Quant au choix entre *logique de l'assurance et logique de l'assistance*, s'il est clair dans son principe (*cf.* tableau IX), il se révèle extrêmement confus dans la pratique : la quasi-totalité des dispositifs existants combinent inextricablement les deux mécanismes [46, 47]. Les tendances dominantes nous semblent être les suivantes :
— d'une part, une dissociation croissante entre régimes d'assurance, reposant sur les cotisations des employeurs et des salariés assises sur la masse salariale, et régimes d'assistance financés par les budgets des collectivités publiques ; de ce

TABLEAU IX. — INDEMNISATION DES CHÔMEURS

	Logique de l'assurance	*Logique de l'assistance*
Mode de financement	Cotisations sur salaire des employeurs et des salariés	Fonds publics
Conditions d'accès	Avoir cotisé pendant une certaine durée	Etre dépourvu d'un minimum de ressources
Niveau des prestations	Fonction du salaire antérieur et, éventuellement de la durée de cotisation	Fonction d'un minimum de ressources, éventuellement lié aux charges de famille
Durée des prestations	Fonction de la durée de cotisation, éventuellement des conditions d'entrée en chômage	Fonction de la situation individuelle du chômeur, notamment de l'âge

point de vue, les réformes intervenues en France fin 1983-début 1984 sont tout à fait caractéristiques ;

— d'autre part, un accroissement du pourcentage des chômeurs relevant de l'assistance ; ce mouvement résulte à la fois de l'accroissement du nombre de chômeurs de longue durée qui ont épuisé leurs droits dans le régime d'assurance et de l'élargissement du chômage répétitif associé à des emplois précaires dont la durée est trop brève pour assurer l'ouverture des droits à indemnisation par le régime d'assurance ; s'y ajoute la généralisation du chômage des jeunes à la recherche d'un premier emploi.

Quant au niveau de l'indemnisation, il a été soumis à deux pressions contradictoires.

Dans un premier temps, l'aggravation du chômage, la volonté d'en atténuer les coûts ou les risques sociaux, le souci de faciliter des restructurations industrielles impliquant des licenciements collectifs ont justifié des mesures d'amélioration de l'indemnisation, dans son montant ou dans sa durée. Cette tendance a pu jouer aussi longtemps que l'on tablait sur une réduction à moyen terme de l'ampleur du chômage.

Lorsqu'il est apparu qu'aucune perspective prochaine de redressement de la situation de l'emploi ne se dessinait, le mouvement inverse l'a progressivement emporté. Il résulte d'abord d'une contrainte financière : dans un contexte où l'alourdissement global des prélèvements sociaux est jugé par certains « insupportable », le gonflement du coût de l'indemnisation a mis en péril l'équilibre financier des régimes. Ainsi, en France, le taux de cotisation pour l'assurance-chômage est passé de 0,80 % du salaire en 1974 (dont 0,16 % à la charge des salariés) à 6,90 % en 1988 (dont 2,47 % à la charge des salariés). Une seconde argumentation a renforcé la tendance : comme nous l'avons vu (2e partie, I), dans une conception libérale du marché du travail, meilleur est le régime d'indemnisation et plus forte est la tendance des demandeurs d'emploi à prolonger la durée du chômage. Le durcissement du régime (niveaux plus faibles d'indemnisation, durées plus brèves, contrôle renforcé de la réalité de la recherche d'emploi, obligation d'accepter une offre d'emploi inférieure à la qualification du demandeur) serait donc un instrument pour faire disparaître ceux que l'on dénomme « chômeurs volontaires » ou « faux chômeurs ». S'il est pleinement légitime de combattre la fraude, associée inévitablement à tout système de prestations, on peut se demander en quoi la réduction de l'indemnisation pourrait contribuer à réduire, sinon statistiquement, le volume global du chômage.

Quel que soit le poids accordé à cette thèse, la pression de la contrainte financière a été à elle seule suffisante pour provoquer dans les différents pays une succession de mesures restrictives. En France les réformes de l'indemnisation adoptées successivement en 1979, en novembre 1982, mars 1984, février 1988, même si elles comportent des mesures positives d'harmonisation des dispositifs, de réduction de certaines inégalités, d'amélioration de certaines situations spécialement défavorisées, ont eu globalement pour objet principal le freinage de la montée des coûts.

La réduction de la population active

Pour être reconnu comme chômeur, il faut se présenter sur le marché du travail. La tentation est donc grande de réduire le chômage apparent en diminuant le volume de la population active. De nombreuses mesures ont été prises en ce sens. Nous n'évoquerons pas le retrait des femmes, notamment mariées, de la population active. Ce mécanisme jouait traditionnellement à l'occasion des crises antérieures ; les changements de comportement d'activité des femmes l'ont rendu le plus souvent inopérant ; dans tous les cas, même si des pressions sociales ont joué en ce sens, il faut constater que les politiques de l'emploi n'ont pas comporté de dispositions explicites de ce type. Nous ne traiterons pas ici des mesures visant à la prolongation de la scolarité des jeunes ou à l'envoi des chômeurs en formation ; elles peuvent relever de la logique de réduction de la population active, mais nous envisagerons globalement ce problème dans le cadre de la politique active. Restent donc deux catégories de mesures qui ont pris une importance particulière : l'action sur la population immigrée et sur les travailleurs âgés.

La plupart des pays ont adopté des mesures de freinage ou de blocage de l'*immigration*. Il faut toutefois distinguer entre deux types de situations. Certains pays ont maintenu un statut de précarité juridique de la main-d'œuvre étrangère, notamment à travers des contrats à durée déterminée ne dépassant pas un an ; il leur suffit donc de ne pas renouveler ces contrats pour obtenir des réductions rapides du nombre de travailleurs immigrés. Ainsi en RFA, les effectifs de salariés étrangers ont-ils diminué d'un demi-million entre 1974 et 1977. Dans d'autres pays, comme la France, l'impossiblité d'agir de manière aussi expéditive a conduit à mettre l'accent sur l'encouragement-pression au retour avec des résultats jusqu'ici très réduits.

Dans tous les cas, il est apparu que la nature des postes de travail occupés par la main-d'œuvre immigrée rendait difficile, même en période de chômage massif, son remplacement par des nationaux. En pratique, les départs de travailleurs étrangers coïncident avec des suppressions d'emplois (réductions d'activité ou introduction de nouvelles techniques) et non avec des embauches de substitution. Sans même avoir à placer le débat sur le terrain de la justice, on peut constater que la réduction de la population immigrée ne constitue pas un instrument d'action contre le chômage, tout au plus un moyen d'expulsion des chômeurs.

Les *cessations anticipées d'activité* semblent relever d'une même logique d'exclusion, frappant cette fois les travailleurs dits âgés. Elles exigent cependant une appréciation plus complexe tant en ce qui concerne leur logique que leur impact. Ces dispositifs sont en effet apparus dans la plupart des économies occidentales comme le produit d'un consensus social ambigu [48] :
— volonté des entreprises de faciliter les réductions d'effectifs ou le rajeunissement de leur main-d'œuvre ;
— volonté des syndicats de progresser indirectement vers l'avancement de l'âge à la retraite et de favoriser l'embauche des jeunes ;
— volonté de l'Etat de réduire le chômage apparent grâce à des transferts vers l'inactivité.

Pour atteindre ce but des mécanismes juridiques divers ont été adoptés. Ils ont en commun de permettre une cessation définitive d'activité avant l'âge normal de départ en retraite, avec, dans la phase transitoire, une indemnisation généralement plus favorable que la pension de retraite. Les différenciations ont principalement porté sur trois points :
— l'ouverture des régimes à des tranches d'âge complètes ou leur limitation au traitement de situations spécifiques (sectorielles, locales, etc.) ;
— le caractère volontaire ou obligatoire de la cessation anticipée d'activité pour les « bénéficiaires » ;
— l'obligation ou non pour l'entreprise de compenser les départs ainsi obtenus par des embauches en nombre égal.

Sous des formes multiples, ces systèmes ont pris une importance considérable dans certains pays, et notamment en France. Avec le « succès » sont venues les difficultés. D'abord le coût élevé de ces dispositifs (on estime à environ 120 000 F le coût moyen par chômeur-année évité) pose un problème financier qui s'ajoute à celui né de l'indemnisation du chômage. Ensuite, et plus fondamentalement, l'élargissement du dispositif provoque un effet de « dévalorisation » globale du travail des plus de 50 ans ; il engendre donc des difficultés croissantes pour l'ensemble des travailleurs appartenant à ces tranches d'âge avec des effets d'exclusion sociale et un gaspillage massif des qualifications acquises.

Le coût du chômage

Le système social subit, en raison du chômage, un ensemble de coûts dont il serait utile de connaître l'importance totale. L'évaluation rencontre deux obstacles principaux :

— d'une part, l'insuffisance d'informations statistiques : par exemple, il est souvent impossible d'isoler dans une catégorie de dépenses celles dont bénéficient des chômeurs (cas des dépenses d'aide sociale) ;

— d'autre part, l'hétérogénéité des méthodes d'approximation : certaines sont directes comme pour le coût de l'indemnisation, d'autres requièrent des hypothèses forcément discutables, par exemple, si l'on voulait chiffrer le manque à gagner dans la production résultant de l'inutilisation de la force de travail des chômeurs.

A titre d'illustration, nous reprenons ici les évaluations proposées par le ministère des Affaires sociales et de l'Emploi ; elles reposent sur trois éléments principaux (voir tableau ci-après).

1. Le coût financier direct. — Cette rubrique correspond pour l'essentiel à l'indemnisation des chômeurs, qu'elle soit financée par l'UNEDIC ou par l'État.

En revanche, cette rubrique ne comporte pas, faute d'informations, le montant de l'aide sociale aux chômeurs, principalement financée par les collectivités territoriales. Elle ignore également le montant, rapidement croissant, des aides accordées par des institutions privées d'assistance.

2. Les manques à gagner (perte de recettes des administrations). — Ils résultent, en premier lieu, du fait que les chômeurs continuent à bénéficier pendant une certaine durée des prestations de Sécurité sociale alors qu'ils ne cotisent que très faiblement. Ils proviennent, en second lieu, des manques à gagner de la fiscalité qui sont la conséquence de la diminution du revenu des chômeurs (impact sur l'impôt sur le revenu) ou de leur niveau de consommation (impact sur la TVA).

3. Le coût de la politique de l'emploi. — Aux dépenses de la politique de l'emploi proprement dites sont ajoutées ici les dépenses de financement des cessations anticipées d'activité qui ont leur cause principale dans la croissance du chômage.

Au total, on obtient un coût de 330 milliards de francs, correspondant à 7 % du produit intérieur brut.

Il faut souligner les lacunes majeures de ces évaluations ; ne sont pas pris en compte :
— la perte de production résultant de l'inutilisation de la force de travail des chômeurs ;
— la dégradation des capacités professionnelles des chômeurs résultant de leur inutilisation ;
— les coûts privés, qu'il s'agisse des coûts de l'entraide familiale ou de ce que les juristes appelleraient le *pretium doloris* supporté par les chômeurs.

EVALUATION DU « COÛT DU CHÔMAGE » EN 1981 ET 1985

(en milliards de francs)

	1981	1985
I. — Coût financier direct		
— Allocations de chômage	36	53,4
— Autres dépenses (gestion, etc.)	3,2	5,1
Total	39,2	58,5
II. — Manques à gagner		
— 1. Sécurité sociale	46,3	109
— 2. Fiscalité :		
impôts directs	12	28
impôts indirects	10,8	22
Ensemble	69,1	159
III. — Coût de la politique de l'emploi		
— Préretraites	15,3	48,7
— Autres dépenses	34,9	64,3
Total	50,2	113
Total général	*158,3*	*330,5*
Pourcentage du PIB	5,1	7,1

Source : Assemblée nationale, *Rapport de la commission des finances*, annexe 2, *Emploi*, octobre 1986.

On voit donc qu'une évaluation globale du coût du chômage a peu de signification. C'est plutôt l'inventaire de ses diverses composantes qui est instructif dans la mesure où il met en évidence, sous le seul aspect financier, les multiples formes d'impact du chômage sur le fonctionnement du système social.

L'impact de ces mesures sur ceux qui en ont bénéficié suscite des appréciations contrastées. Il est évident que pour beaucoup (travailleurs non qualifiés, soumis à des tâches pénibles ou répétitives...) la cessation anticipée a été perçue comme une chance inespérée. Pour d'autres, elle a été ressentie comme une mise en cause de leurs aptitudes professionnelles et donc de leur fonction sociale. Face aux propositions des gérontologues (adaptation des postes de travail au processus de vieillissement, réduction progressive du niveau d'activité), les mesures de cessation anticipée totale de l'activité constituent une mesure brutale, humainement et financièrement coûteuse, qui n'a trouvé de justification que grâce au consensus ambigu qu'elle a engendré dans la négociation sociale.

2. Les politiques dites actives

On regroupe sous ce terme les mesures qui visent à exercer un effet positif sur le niveau de l'emploi. Qu'il soit fondamentalement déterminé par le niveau de l'activité économique et de la productivité du travail n'est pas nié, mais il est jugé possible dans ce cadre d'infléchir l'évolution des effectifs occupés. Deux formes d'intervention sont principalement utilisées pour cela : les subventions à l'emploi, la politique de formation.

Les subventions à l'emploi

L'hypothèse sous-jacente est qu'une réduction du coût salarial provoque une variation positive du niveau de l'emploi. Un grand nombre de dispositifs ont été mis en œuvre dans ce but ; il est possible de les réunir en trois groupes principaux.

- La subvention peut avoir pour objectif d'*éviter des suppressions d'emplois*. Tel sera le cas des prises en charge publiques de l'indemnisation soit du chômage partiel, soit des périodes de mise à pied sans rupture du contrat de travail (parfois appelées « chômage technique »). Peuvent être rangées dans le même groupe toutes les formes d'aides aux entreprises en difficulté lorsqu'elles sont conditionnées par le maintien d'un certain niveau d'emploi. On suppose que ces dispositifs peuvent éviter des suppressions d'emplois en permettant de franchir des phases de difficultés conjoncturelles ou encore en fournissant un délai pour trouver des solutions durables.

• D'autre part, des aides à la *création d'emplois* ont été mises en place ; il s'agit de primes, d'exonérations fiscales ou de conditions d'emprunt privilégiées généralement réservées à la création d'emplois dans des régions ou zones particulièrement touchées par le chômage. Ces mesures visent à agir directement sur le calcul de rentabilité des entreprises ou sur les contraintes de financement s'il s'agit d'activités non marchandes ;

• Enfin, un troisième dispositif correspond à des incitations à l'*embauche* : prise en charge partielle ou totale du salaire ou des charges sociales pendant une certaine durée. A la différence des précédentes, ces mesures ne sont pas nécessairement liées à la création d'emplois nouveaux et elles ont pour cible des catégories particulières de travailleurs (par exemple, des jeunes à la recherche d'un premier emploi) plutôt que des zones géographiques.

Les économies occidentales offrent de multiples exemples de mesures orientées dans ces trois directions. Le recours à une action sur l'emploi par l'intermédiaire de stimulations financières auprès des employeurs soulève interrogations et controverses. Laissons de côté l'inévitable critique néo-libérale qui rejette tout dispositif faussant le libre jeu du marché ; elle renvoie à un débat beaucoup plus général que nous ne pouvons développer ici. En revanche, des questions plus concrètes ne peuvent être ignorées.

Dans quelle mesure ces politiques ont-elles un *effet net positif* sur l'emploi, dans quelle mesure n'aboutissent-elles qu'à des *phénomènes de substitution* ? Le risque principal est que les entreprises utilisent « rationnellement » ces dispositifs pour empocher des aides publiques à l'occasion des décisions qu'elles auraient prises ou qu'elles prendront de toute façon : ainsi une décision de création d'emploi déjà prise pourra-t-elle être avancée ou reculée dans le temps, ou déplacée géographiquement pour bénéficier d'une prime ; une embauche de toute façon nécessaire pourra être réservée à un travailleur « porteur d'exonérations sociales », etc.

Dans quelle mesure ces politiques ont-elles pour effet le maintien artificiel d'*activités dépassées* ou la promotion d'*activités novatrices* ? La réduction des coûts salariaux pour l'employeur, c'est-à-dire la socialisation d'une fraction de ce coût, risque d'assurer la survie provisoire de firmes faiblement productives et le recours privilégié à des catégories de main-d'œuvre au statut infériorisé. Il serait donc nécessaire que, sauf si elles sont purement transitoires, ces subventions à l'emploi ne soient pas accordées indépendamment d'un jugement sur l'utilité et l'efficacité sociale des activités qui en bénéficient.

Enfin, on doit s'interroger sur la logique économique dans laquelle s'insèrent ces modes de financement. Les comparaisons internationales permettent d'observer deux situations types. Tantôt ces subventions sont des instruments de transfert de ressources aux entreprises privées ; elles s'inscrivent dans une perspective globale de restauration de la rentabilité dans le cadre du secteur marchand. Tantôt les aides se dirigent vers des activités non marchandes aptes à satisfaire certains besoins sociaux non solvables ; la création d'emplois nouveaux ne crée donc pas une concurrence avec les activités du secteur privé.

Au total, il apparaît difficile de porter une appréciation d'ensemble sur l'efficacité des subventions à l'emploi ; elles ne peuvent prendre sens que comme instruments d'accompagnement de politiques d'emplois globales dont elles refléteront la logique (voir sur ce point le chapitre suivant).

La formation professionnelle

A la différence des subventions à l'emploi, le développement de la formation professionnelle fait l'unanimité comme outil de lutte contre le chômage. Il ne s'agit pas seulement de la formation comme facteur de réinsertion professionnelle des chômeurs mais, plus largement, de la formation comme facteur de réduction de la vulnérabilité au chômage, tant pour les jeunes encore dans le système éducatif que pour les titulaires d'emplois. Cet accord de principe ne doit pas faire illusion. Il ne peut faire ignorer qu'en France, par exemple, la formation professionnelle est, de loin, le poste qui s'est le moins développé au sein des dépenses publiques pour l'emploi ; entre 1973 et 1987, sa part est tombée de 56 à 25 % (*cf.* tableau VIII). Il ne masque pas non plus un scepticisme croissant quant à l'efficacité de certains programmes jusqu'ici mis en œuvre.

Le premier débat porte sur la fonction de la formation dans un contexte de chômage massif : est-elle un instrument d'*insertion professionnelle* effective ou seulement un outil de *gestion-camouflage* du chômage ? La question naît d'abord à cause des caractéristiques de l'offre de formation : tantôt par effet d'inertie, tantôt pour des préoccupations de rentabilité, tendent en permanence à se maintenir ou s'introduire des cycles d'enseignement qui n'offrent aucune perspective sérieuse sur le marché du travail. La difficulté vient aussi de l'attitude de certaines catégories de demandeurs, notamment des jeunes sans formation : ayant quitté le système scolaire en situation d'échec, ils ont à l'égard du retour en formation une attitude de refus profond qui sera parfois masquée par le souci de préserver ou d'acquérir des droits. Dans ces conditions, seule une première expérience de travail pourra faire naître le besoin de formation et seules des méthodes non scolaires permettront de le satisfaire. L'élimination des formations-parking au profit des formations qualifiantes constitue donc un problème réel.

Seconde question : l'*impact final* de la formation professionnelle est-elle facteur de réduction du chômage ou seulement source d'amélioration de l'employabilité pour ceux qui en bénéficient ? Sur le deuxième point, la réponse est positive, si l'on exclut les formations-parking : la probabilité de trouver un emploi est corrélée globalement au niveau de formation ; un demandeur d'emploi accroît par la qualification ses chances de trouver un emploi, même si cet emploi ne correspond pas à la qualification acquise. En revanche, comme nous l'avons vu plus haut (2e partie, I), rien ne permet de prouver que la formation soit, à elle seule, facteur de réduction du chômage, sauf dans le cas de pénuries spécifiques de main-d'œuvre. En règle générale, la formation ne peut constituer qu'un élément, indispensable mais partiel, d'une politique de création d'emplois.

Enfin, la question est posée de savoir si la formation est facteur de *réduction ou d'amplification des inégalités* face à l'emploi et au chômage. Les statistiques d'ensemble de la formation professionnelle continue indiquent que la probabilité d'aller en formation croît lorsque l'on s'élève dans la hiérarchie professionnelle. Pour corriger cette tendance, diverses mesures ont été orientées spécifiquement vers les catégories les plus défavorisées ; cependant l'expérience montre que, même dans ce cas, ce sont toujours, parmi les bénéficiaires possibles, ceux qui ont le meilleur niveau initial qui tirent le meilleur parti des programmes de formation. On rencontre tout à la fois des attitudes à l'égard de la formation, des méthodes pédagogiques et des critères de gestion qui sont spontanément amplificateurs d'inégalités ; un effort considérable est à réaliser pour que soit renversée cette tendance dominante.

3. La régulation du marché du travail

Toutes les économies industrialisées de marché ont mis en place des institutions visant à assurer une meilleure mise en relation des offres et des demandes d'emploi. Ces institutions répondent au minimum à une simple logique d'amélioration du fonctionnement d'un marché : elles diffusent à tous les agents intéressés l'ensemble de l'information disponible sur l'état des offres et des demandes d'emploi ; éventuellement, elles mettent en contact les offreurs et les demandeurs dont les caractéristiques sont convergentes. Dans les faits, les institutions compétentes ne se limitent jamais à la seule fonction de *bourse de l'emploi* ; elles assurent la mise en œuvre de la plupart des instruments de la politique de l'emploi : indemnisation, subventions à l'emploi, évaluation des compétences professionnelles, orientation et conseil professionnels, formation, aides à la mobilité, etc. Cette extension de compétence explique le choix du terme *service public de l'emploi* fréquemment employé pour les désigner. Tout en poussant à un développement et à une diversification de leurs activités, la crise a conduit à une certaine remise en cause de leur logique de fonctionnement.

En premier lieu, la réduction brutale du volume des embauches face à une diversification des instruments d'intervention du service public de l'emploi fait douter de son efficacité, surtout si celle-ci est mesurée par des indicateurs quantitatifs tels que le nombre de placements réalisés. L'amélioration du fonctionnement du marché du travail ne peut être créatrice d'emplois que dans la limite des offres d'emplois non satisfaites, déclarées ou potentielles. Ce constat ne rend pas inutiles les actions entreprises : sous réserve d'être correctement conçues, elles peuvent combattre les inégalités face au chômage et la sélectivité du marché du travail, notamment le chômage d'exclusion. Un débat important existe donc à propos des critères d'identification des catégories prioritaires dans les interventions du service public de l'emploi et des indicateurs pertinents pour mesurer son efficacité.

En second lieu, des controverses politiques aiguës ont porté sur le problème de la *connexion ou déconnexion* entre statut de demandeur d'emploi, indemnisation du chômage et garantie d'une certaine protection sociale. Dans le régime de la connexion, les trois situations sont liées ; ainsi le bénéfice des prestations peut-il être conditionné au contrôle de la recherche effective d'un emploi. Il est reproché à ce mécanisme de pousser des inactifs à se déclarer demandeurs d'emploi dans le seul but de se créer des droits à l'indemnisation ou à différents régimes de protection et d'aide sociale dont bénéficient les chômeurs. Il est difficile, dans un contexte de chômage massif, de prouver le caractère fictif de cette déclaration puisque la preuve décisive serait le constat que le soi-disant demandeur d'emploi refuse sans justification les offres qu'on lui propose.

En l'absence d'offres disponibles, comment dépister les

« faux chômeurs » ? A défaut de les dépister, on peut imaginer de les faire disparaître des statistiques du chômage grâce à la déconnexion : le bénéfice des indemnisations et des aides est alors indépendant de l'inscription dans un service de placement. Il est clair que des critères d'opportunité politique jouent un rôle dominant en ce domaine.

Cet inventaire était nécessaire pour donner une vision concrète de la panoplie des mesures dont disposent les responsables de la politique de l'emploi. Les controverses soulevées par chacun des types d'intervention, qu'elles s'appuient sur des critères d'opportunité, d'efficacité ou de justice, montrent qu'il n'y a pas d'appréciation possible de chaque mesure si elle est considérée isolément. Un jugement ne peut être porté qu'en fonction de la cohérence d'ensemble de la politique suivie : quels sont les objectifs prioritaires, quel est le degré de complémentarité entre les mesures retenues ?

II / Les axes prioritaires

La politique de l'emploi ne peut se définir par la seule énumération de ses instruments ; sa signification n'apparaît qu'à la lumière des objectifs qui lui sont fixés. Alors seulement s'éclaire le dosage qui est réalisé dans la panoplie des mesures retenues et le choix de modalités spécifiques pour chacune d'entre elles. L'expérience de la crise montre que les politiques appliquées successivement dans les différents pays ont été la résultante d'arbitrages entre trois conceptions principales : la lutte pour éviter ou limiter les suppressions d'emplois, l'option pour une accélération des mutations industrielles, la recherche de formes de croissance plus riches en emploi.

Aucune de ces trois logiques ne s'impose jamais intégralement. Les rapports de force dans le champ politique, économique et social imposent des compromis. L'inertie des institutions, des réglementations et des droits acquis interdit des mutations brutales. Cependant la nature des évolutions enregistrées ne peut être comprise que grâce à la mise en évidence des orientations dominantes. Nous tenterons ici, au risque de caricaturer la réalité, de montrer quelle est la cohérence propre des trois conceptions qui viennent d'être distinguées, tout en sachant que si elles sont théoriquement alternatives, elles sont toujours plus ou moins entremêlées dans la pratique.

1. La défense de l'emploi

Le premier axe de priorité qui peut être donné à la politique de l'emploi est de *réduire au minimum le volume des suppressions de postes de travail* provoquées par la crise économique et, dans la mesure où ces suppressions sont inévitables, d'en *atténuer le coût social* pour ceux qui en sont les victimes.

Cette logique a d'abord trouvé son support principal dans une interprétation de la récession de 1974-1975 comme un phénomène cyclique. La longue période de croissance rapide qui a suivi la Seconde Guerre mondiale a été marquée par une alternance de phases d'accélération et de ralentissement du rythme de l'activité. Ainsi, dans un premier temps, bien des responsables de la politique économique ont cru être en présence d'un phénomène d'une même nature que les précédentes phases « basses » du cycle économique, bien que d'ampleur exceptionnelle. Le rôle de la politique de l'emploi est alors de permettre la traversée au moindre coût d'une période difficile tout en préparant le retour à des conditions « normales » de croissance. De ce point de vue, la limitation des suppressions d'emplois, et surtout des licenciements économiques, répond à une certaine rationalité : il importe d'éviter que des ajustements commandés par une logique de court terme ne désorganisent des collectifs de travail expérimentés qui seront nécessaires lors de la reprise, jugée prochaine ; d'autre part, il faut éviter que des conflits sociaux majeurs ne viennent briser le compromis social progressivement établi sur les bases d'un quasi-plein emploi garanti au noyau stable de la population salariée.

Cette problématique voit sa pertinence remise en cause au fur et à mesure de la prolongation de la crise et de la mise en évidence de son caractère structurel. Cependant la logique de la défense de l'emploi reste soutenue sur une base différente : l'opposition entre critères de décision fondés sur une logique de rentabilité micro-économique et critères de décision reposant sur une définition des coûts et des objectifs à l'échelle sociale. Une telle démarche peut s'appuyer sur un raisonnement étroitement économique : on démontre que le calcul de rentabilité réalisé par une firme pour justifier des suppressions d'emplois ne tient pas compte des coûts externes que cette décision fait subir au reste de la société : effets cumulatifs des réductions d'activité sur l'environnement immédiat (fournisseurs, sous-traitants, collectivités locales, etc.), coût global du chômage pour la collectivité (non seulement celui de l'indemnisation mais aussi perte de rentrées fiscales et de cotisations sociales, etc.). Ainsi serait-il dans de nombreux cas moins coûteux, à l'échelle macro-économique, de maintenir des emplois dans des activités déficitaires que de supporter l'ensemble des charges résultant de la suppression de ces activités. L'analyse peut déborder le cadre d'un strict bilan financier : sont alors mis en évidence les dangers que fait courir la fermeture de certaines activités sur l'indépendance économique nationale ou sur la satisfaction de certains besoins sociaux, ainsi que le processus de dégradation des capacités professionnelles et des attitudes face au travail qui résulte d'un chômage massif et durable.

Dans cette perspective, certains instruments sont privilégiés :

— toutes les formes d'aide financière aux entreprises en difficulté (subventions à des entreprises acceptant de renoncer à des suppressions d'emplois, financement de la constitution de stocks de produits finis, subventions permettant de rendre compétitives des productions qui, sinon, ne résisteraient pas à la concurrence des pays à bas coûts de main-d'œuvre, etc.) ;

— toutes les formes de réduction du coût salarial pour l'entreprise qui n'entraînent pas rupture du contrat de travail (prise en charge publique de l'indemnisation du chômage partiel ou temporaire et de la formation interne, exonérations de charges sociales, etc.).

Dans le cas où le licenciement ne peut être évité, le traumatisme social est atténué par des dispositifs d'indemnisation relativement avantageux dans leur montant et dans leur durée, notamment en cas de licenciement économique, de formations de reconversion ou de cessation anticipée d'activité.

L'écueil central de cette politique résulte de la combinaison du coût et de la durée. Des dépenses exceptionnelles peuvent être justifiées, au nom d'une rationalité de longue période, si elles sont transitoires. Dès lors qu'elles se prolongent, elles tendent à prendre un caractère cumulatif : les demandes d'intervention se multiplient sans qu'apparaissent des mécanismes de résorption. Or, en économie de marché, le financement de ces dispositifs repose toujours, en dernière analyse, sur la valeur ajoutée créée par les activités rentables. L'alourdissement des prélèvements risque de mettre celles-ci en danger et de tarir les sources de financement des activités d'avenir. Une répartition plus juste du prélèvement est-elle une condition suffisante pour en accroître sans danger le volume ? On constate que tous les pays qui ont eu recours à de telles mesures ont été conduits à les remettre en cause au-delà d'un certain seuil ; elles n'en demeurent pas moins présentes comme instruments d'atténuation des coûts sociaux engendrés par des politiques d'inspirations différentes.

2. L'accompagnement des restructurations

Dans cette seconde perspective, l'origine de la crise est principalement localisée dans les transformations concomitantes des techniques de production, de la composition de la demande et de la division internationale du travail. Il s'agit donc d'une crise d'adaptation qui ne peut être qu'aggravée et prolongée par les rigidités accumulées dans les économies de marché au cours de la période de croissance rapide : rigidités dans la gestion de l'emploi, dans la liaison entre salaires, prix et productivité et dans les formes d'intervention publique. La sortie de crise est liée à une intense restructuration du système productif qui repose sur la rentabilité, la compétitivité et la flexibilité des firmes. Le rôle de la politique de l'emploi est de contribuer, dans son domaine, à la réalisation de ces conditions. Ainsi seront créées les bases d'une reprise de la croissance de l'emploi « saine », c'est-à-dire respectant la logique du marché.

Selon les stratégies politiques et selon les rapports de forces, une telle orientation oscille entre des versions

« dures » ou « douces ». Dans un cas, on tire parti de la situation du marché du travail, qui affaiblit les organisations syndicales, pour accélérer la destruction des « rigidités » et la remise en cause des « avantages acquis » ; dans l'autre, on essaye de négocier avec les travailleurs plus de flexibilité dans la gestion de l'emploi en échange de contreparties, financières ou non financières. Autour d'un tronc commun, peuvent donc apparaître, selon les pays ou les périodes, des mesures d'une inégale brutalité.

Quant à l'indemnisation du chômage, elle peut être éventuellement avantageuse pour faciliter les départs, mais elle doit être brève et dégressive pour stimuler la recherche et l'acceptation d'un nouvel emploi, même inférieur à celui perdu. Le contrôle de l'activité de recherche d'emploi est renforcé ; les cas où le refus d'une proposition d'emploi est reconnu légitime sont réduits. Des mesures sont prises pour décourager l'entrée sur le marché du travail des catégories qui sont à la marge entre activité et inactivité ; on supprime ou on réduit, par exemple, les indemnités pour les chômeurs à la recherche d'un premier emploi.

Quant à la formation, la priorité est donnée aux objectifs de reconversion professionnelle ou d'acquisition de polyvalence. Toutes les formes d'aide à la mobilité (professionnelle, sectorielle, géographique) sont privilégiées.

Quant aux aides financières à l'emploi, leur définition est restrictive. Les aides aux activités non rentables sont exclues, sauf pour accélérer une transition : la survie des « canards boiteux » ne peut que retarder les adaptations. Ne sont admises que les interventions de caractère général qui ne faussent pas les mécanismes du marché. Ainsi l'accent n'est pas mis sur les subventions à l'emploi, mais sur la réduction des prélèvements obligatoires qui accroissent les coûts salariaux :
— diminution des charges sociales et fiscales calculées sur la masse salariale ;
— atténuation du mécanisme des « seuils », c'est-à-dire des prélèvements sociaux ou des institutions sociales qui n'apparaissent dans une entreprise qu'au-delà d'un certain nombre de salariés ;
— réduction des coûts et des délais associés à la conclusion

ou à la rupture d'un contrat de travail (développement des emplois précaires et assouplissement des procédures de licenciement).

Dans cette perspective, la réduction du chômage découle d'une double action : d'une part, le statut du chômeur est rendu moins « attractif » pour ses bénéficiaires actuels ou potentiels ; d'autre part, l'embauche est rendue plus « attractive » pour l'employeur parce que le coût de la main-d'œuvre est plus faible et sa gestion plus flexible.

L'écueil central de cette politique, en supposant qu'elle puisse être imposée aux travailleurs, résulte des perspectives d'évolution des économies capitalistes. Il n'est pas exclu que l'adoption d'un programme de ce type donne un coup de fouet au secteur marchand et favorise ainsi la levée de certains blocages à l'embauche. Mais à moyen ou long terme, dans un contexte de croissance lente à l'échelle internationale et d'accélération des mutations technologiques, on voit mal comment le mouvement de restructuration industrielle pourrait éviter un gonflement du chômage et un durcissement des mécanismes d'exclusion du marché du travail. La réussite de cette politique de l'emploi repose donc sur une hypothétique sortie de crise des économies capitalistes dont rien ne permet d'étayer la vraisemblance. Si la croissance se poursuit durablement à des taux faibles, la question se posera des conditions de fonctionnement de systèmes sociaux où le droit au travail sera durablement refusé à des fractions importantes de la population.

3. Une croissance riche en emplois

Cette troisième conception constitue une remise en cause partielle du dualisme qui caractérise les deux démarches précédentes. Rappelons-en le principe : le niveau global de l'emploi est déterminé par des mécanismes macroéconomiques généraux ; la politique de l'emploi corrige, atténue ou gère les déséquilibres qui en résultent sur le marché du travail ; au mieux, elle combat les dysfonctionnements de ce marché qui empêchent d'atteindre le niveau d'emploi potentiellement réalisable.

La problématique que nous présentons maintenant ne s'écarte pas radicalement de ce dualisme : elle admet que, pour une économie nationale non dominante, le taux de croissance possible est commandé par celui de l'économie mondiale, par l'intermédiaire de la contrainte d'équilibre extérieur. Mais, pour un taux de croissance donné, elle considère qu'il existe une certaine flexibilité du niveau de l'emploi. L'objectif de la politique sera donc d'exploiter au maximum cette marge de flexibilité. On y parvient par trois voies principales.

En premier lieu, il est possible de peser sur la relation qui s'établit entre le *niveau de l'activité économique et la quantité de travail nécessaire pour le réaliser*. Le choix des modes d'organisation du travail et des techniques de production n'est jamais imposé de façon rigide. Le problème est d'infléchir ces choix dans le sens d'une utilisation plus intensive du travail à condition qu'il n'y ait pas de répercussions négatives sur la modernisation des techniques et sur la productivité du travail. Dans ce cadre, pourront être utilisés des instruments déjà évoqués précédemment, mais orientés ici selon une finalité différente :
— amélioration de la qualification et de la polyvalence des travailleurs ;
— réduction pour l'entreprise du coût du travail relativement au capital technique pour freiner la tendance à la substitution du second au premier (modification de l'assiette des charges fiscales et sociales, modification des critères d'attribution des aides aux entreprises, etc.) ;
— appui privilégié au développement des petites et moyennes entreprises jugées plus créatrices d'emplois.

En second lieu, l'action porte sur la relation entre la *quantité de travail nécessaire et le niveau d'emploi qui lui est associé*. Cela pose le problème du partage du travail. A une coupure de la population active entre l'emploi à plein temps et le chômage s'oppose une stratégie de réduction et de diversification des durées de travail telle qu'un maximum d'actifs puissent obtenir un emploi.

La première option porte sur une réduction généralisée de la durée du travail dont la mise en œuvre est envisagée soit de manière uniforme et obligatoire, soit de manière décentralisée et contractuelle. L'enjeu principal est alors, d'une part, l'impact sur le taux de salaire (y aura-t-il compensation totale, partielle ou nulle ?) et d'autre part, l'impact sur l'emploi (la réduction de la durée du travail provoquera-t-elle des créations d'emplois ou des gains de productivité ?).

La deuxième option vise à la diffusion du « temps choisi » laissant à chaque individu la responsabilité d'un arbitrage entre temps libre et revenu. Il ne s'agit pas seulement de multiplier les emplois à temps partiel, mais aussi de favoriser toutes les formes d'horaires flexibles ou encore de partage d'un emploi entre deux titulaires qui l'occupent alternativement (*job sharing*). Le débat porte alors sur le degré de volontariat et de réversibilité dans les choix individuels et sur les risques d'infériorisation des emplois de ce type. Il faut aussi savoir si l'effet positif en termes de création d'emplois ne sera pas compensé par un effet d'attraction de certaines catégories d'inactifs sur le marché du travail.

Dans ces différents domaines, le rôle de l'intervention publique est multiple : elle définit un dispositif réglementaire, contraignant ou permissif, elle crée les conditions d'une négociation décentralisée, elle introduit des stimulants financiers transitoires (du type des contrats de solidarité — réduction de la durée du travail) pour tenir compte des coûts de mise en place d'une nouvelle organisation du travail.

En troisième lieu, l'action peut porter sur des *créations d'emploi dans des domaines non directement liés au niveau de l'activité économique*. L'accent sera mis sur le développement d'activités non marchandes orientées vers la satisfaction de besoins sociaux auxquels une priorité est reconnue. La forme peut en être « classique » : création d'emplois dans les administrations publiques, qu'il s'agisse de l'Etat ou des différentes collectivités territoriales. Il peut s'agir aussi de soutenir financièrement les initiatives émanant du secteur privé non marchand (secteur associatif au sens large) dès lors qu'existent des procédures de vérification de l'utilité sociale des emplois ainsi créés.

La difficulté est d'apprécier dans quelle mesure ces activités ont un effet net positif sur l'emploi et dans quelle mesure elles engendrent un effet négatif sur l'emploi dans le secteur marchand soit par le biais des prélèvements fiscaux exigés pour leur financement, soit par un effet de concurrence exercé sur les débouchés de ce secteur.

Finalement, les obstacles rencontrés dans la recherche d'une croissance « riche en emplois » résultent de la problématique de départ : si l'on admet que la contrainte extérieure est déterminante à la fois dans la fixation du taux de croissance de l'économie nationale et à travers l'exigence de compétitivité, alors les marges de liberté pour introduire « plus d'emplois » se révèlent étroites. Comment y parvenir sans effets négatifs soit sur la productivité, soit sur les coûts de production, soit sur le pouvoir d'achat ? Dans la mesure où les deux premières de ces variables sont jugées primordiales pour la compétitivité, comment éviter un affrontement direct avec les travailleurs ? La réduction du pouvoir d'achat des titulaires d'emplois (à travers le niveau des salaires ou les prélèvements obligatoires) risque d'apparaître dans cette logique comme la condition d'une réduction du chômage.

Nous avons mis l'accent, tout au long de ce chapitre, sur les limites auxquelles se heurtaient les différentes conceptions de la politique de l'emploi ; ce n'est pas dans le but de nier leur nécessité ou leur efficacité. Si le chômage n'a pas eu, depuis 1973, des conséquences aussi dramatiques qu'après 1929, c'est dans une large mesure grâce à l'ampleur des moyens mis au service de ces politiques et à leur perfectionnement technique. Si les différentes économies européennes, affrontées aux mêmes difficultés globales, ont réalisé des « performances » nettement différenciées en matière d'emploi et de chômage, ce n'est pas sans relation avec les politiques qu'elles ont menées en ce domaine. Cependant, partout le taux de chômage a augmenté tendanciellement, les durées de chômage se sont allongées et nulle part ne se dessinent des perspectives à moyen terme de retour vers le plein emploi. Ce n'est donc pas des politiques de l'emploi, définies au sens usuel, qu'il faut attendre une solution au problème du chômage.

Conclusion

Les économies de marché industrialisées connaissent une situation sans précédent historique : une phase longue de chômage massif y est associée non pas à une régression brutale du niveau d'activité, comme dans les années trente, mais à un ralentissement durable de la croissance. Aujourd'hui, il semble établi que ce chômage se maintiendra à long terme, même si des mouvements de reprise conjoncturelle peuvent le faire temporairement régresser. Doit-on alors se résigner à un fonctionnement prolongé de systèmes économiques et sociaux qui refuseraient le droit au travail à 10 % environ de la population active ? On mesure les coûts humains, les gaspillages économiques, les risques sociaux et politiques associés à cette hypothèse.

Le retour à un modèle de croissance analogue à celui des années cinquante et soixante étant exclu, peut-on imaginer de nouvelles formes d'organisation de l'activité économique et sociale qui permettent de sortir du sous-emploi permanent ? Deux types de stratégie ont été proposés dans cette perspective. Sans qu'il soit possible ici d'en discuter sur le fond, nous voudrions simplement préciser les mécanismes de résorption du chômage qu'elles impliquent.

Une autre conception de la productivité

Une première démarche donne la priorité à la reconstitution d'un système productif national cohérent et performant pour briser la situation de dépendance née du jeu de la « contrainte externe ». La logique d'insertion dans la division internationale, qui a pleinement joué depuis vingt ans, a privé les économies nationales non mondialement dominantes de la capacité de mettre en œuvre une stratégie économique autonome. L'objectif est donc de maîtriser les filières industrielles stratégiques, de renforcer l'économie nationale dans les activités de haute technologie, de rétablir une cohérence entre production et satisfaction des besoins de la population. Ainsi un accroissement du niveau d'activité et d'emploi pourrait être obtenu sans déclencher aussitôt le déséquilibre des échanges extérieurs.

Cette stratégie implique des conditions nouvelles de mise en œuvre des forces de travail : un effort intense de recherche et de formation, la définition de nouvelles formes d'organisation du travail, la mobilisation des potentiels d'initiative et de créativité des travailleurs. Ce seront les sources d'une nouvelle productivité grâce auxquelles la pression sur les coûts salariaux ne s'imposerait plus comme la clef de la compétitivité. En somme, il s'agit de tirer parti du fait que la crise actuelle ne résulte ni d'une saturation de la demande, ni d'un blocage des potentialités de développement productif. Les moyens existent pour élever le niveau de satisfaction des besoins en utilisant les capacités de production et les forces de travail inemployées ; le problème est de briser une logique imposée par le marché mondial.

Ce type d'orientation pose au moins deux types de questions liées, d'une part, à ses conditions de réalisation à court et moyen terme et, d'autre part, aux perspectives qu'il propose à long terme.

A court et moyen terme, le problème est celui de la capacité pour une économie nationale de moyennes dimensions de reconstituer, dans l'état actuel de développement des technologies, un système productif maîtrisant les principales filières industrielles stratégiques. Le coût en investissements est énorme : au départ, les biens d'équipement devront être dans une large mesure importés. Peut-on éviter une phase transitoire impliquant des sacrifices importants sur les niveaux de consommation ? Quelles sont alors les conditions d'acceptation de ces sacrifices ?

A long terme, il reste à expliquer comment ce modèle peut être autre chose qu'un nouveau productivisme, ou plus simplement en quoi il s'écarte qualitativement d'un « modèle japonais » (ou de l'image que nous nous en faisons) ?

Face au problème du chômage, la réponse proposée est simple : l'ampleur des besoins insatisfaits justifie la pleine utilisation des capacités de travail ; les réserves de productivité mobilisables permettent d'utiliser ces capacités de manière efficace ; c'est la juxtaposition d'une logique microéconomique de la rentabilité et d'une contrainte de compétitivité engendrée par l'insertion dans la division internationale du travail qui bloque la mise en œuvre des ressources productives disponibles.

Une autre conception du travail

Un second courant théorique donne la priorité à une autre démarche. Le chômage y est présenté comme le produit d'une logique : celle qui définit le statut du travail et des travailleurs dans une économie capitaliste. Sommairement, ce statut est déterminé négativement par une succession de clivages :

— la coupure entre le temps de travail et le temps de non-travail, c'est-à-dire entre une sphère de la pénibilité et de la contrainte et une sphère qui serait celle de la liberté et de la jouissance ;

— la coupure entre le travail social rémunéré, qui tendanciellement prend la forme généralisée du salariat, et le travail privé non rémunéré, le plus souvent inséré dans le cadre des structures familiales, non pris en compte dans les analyses de l'emploi ;

— la coupure entre l'économie marchande soumise au seul principe de la rentabilité et l'économie non marchande relevant de la logique de l'administration.

Une logique alternative est proposée qui repose sur une autre articulation des rapports entre satisfaction des besoins et organisation de la vie sociale :
— le développement d'un « troisième secteur » d'activité, refusant à la fois la logique de l'entreprise et celle de l'administration, devrait créer de nouvelles formes de travail, souples dans leur statut et gratifiantes dans leur contenu, combinant travail rémunéré et bénévolat, ouvrant un espace aux formes non marchandes de prestations réciproques de service et aux circuits élargis d'autoconsommation ;
— un nouvel arbitrage serait proposé entre temps libre et pouvoir d'achat : la réduction massive de la durée du travail, modulée selon les préférences individuelles, s'accompagnerait de l'élargissement de formes non monétaires de satisfaction des besoins (compensant la réduction des revenus monétaires) ;
— enfin, le rejet du modèle de consommation hérité de la période de croissance forte conduirait à la réduction progressive des formes d'emploi associées à la production de masse.

La solution au problème du chômage ne passe donc pas par la création d'emplois, mais par le rejet d'un modèle uniforme où chaque actif doit occuper un emploi permanent et à plein temps depuis la fin de la scolarité jusqu'à l'âge de la retraite. Chacun combinerait de façon flexible temps de travail et de non-travail, de travail rémunéré et de travail non rémunéré, cherchant autant la satisfaction de ses aspirations dans le contenu du travail que dans les consommations permises par la rémunération du travail. Sous ces conditions, la réduction du niveau de l'activité économique et de l'emploi dans leurs formes traditionnelles ne serait plus signe de crise mais du rejet progressif d'un schéma d'organisation sociale rigide et uniforme.

Peut-on voir dans ces perspectives une voie de solution à la crise actuelle et, en particulier, de résorption du chômage ?

Le contexte même de la crise conduit à s'interroger sur la possibilité d'obtenir une adhésion des travailleurs à de telles orientations : la crainte du chômage, l'insécurité de l'emploi, les menaces pesant sur le pouvoir d'achat ont provoqué un effet de repli des travailleurs sur la défense des statuts et des modes de vie qu'ils avaient acquis. Ce modèle alternatif, qui exerçait une attraction indiscutable au terme de la phase de croissance rapide, peut-il éviter, dans un contexte de crise durable, d'être autre chose qu'un modèle de la marginalité ?

Si tel était le cas, le risque serait grand que le développement d'un « tiers secteur » ou du temps « choisi » ne devienne qu'un mécanisme d'absorption des exclus du système, un mode moins coûteux et moins répressif de contrôle social de toutes les formes de précarité et de chômage.

Ces remarques, qu'elles concernent la première ou la seconde stratégie de lutte contre le chômage, n'ont pas pour objet d'en nier à l'avance l'efficacité ou d'en noircir les conséquences. Toute mutation sociale est porteuse de risques ; les identifier ne signifie pas refuser de les accepter. Mais la difficulté des problèmes soulevés montre à quel point le chômage ne peut être traité comme simple sous-produit d'un ralentissement de la croissance. Ce qui est en cause, c'est le statut du travail dans nos systèmes sociaux, d'une part à travers la place qui lui est donnée dans les finalités du développement économique et social, d'autre part en fonction du rôle attribué à l'emploi comme mécanisme privilégié de socialisation des individus.

Bibliographie

Sources statistiques

France :

[1] INSEE, *Enquête sur l'emploi*, Les collections de l'INSEE, série D, annuel.

[2] Ministère des Affaires sociales, *Statistiques du travail*, bulletin mensuel (publie notamment les statistiques de l'ANPE).

International :

[3] OCDE (Paris), *Statistiques de la population active*, annuel ; mis à jour par un Supplément trimestriel.

[4] EUROSTAT (Luxembourg), *Emploi et chômage*, annuel, résultats pour les pays de la CEE, mis à jour par un Bulletin statistique.

[5] EUROSTAT, (Luxembourg), *Enquête par sondage sur les forces de travail.*

Première partie

[6] STANKIEWICZ F., *Economie du chômage et de l'emploi*, Ed. Cujas, Paris, 1984.

[7] MICHON F., *Chômeurs et chômage*, PUF, Paris, 1975.

[8] « Chômages et chômeurs », *Les Temps modernes*, nov.-déc. 1987.

[9] SALAIS R., BAVEREZ N., REYNAUD B., *L'Invention du chômage*, PUF, Paris, 1986.

Chapitre I

[10] BESSON J.L., COMTE M., ROUSSET P., *Compter les chômeurs...*, Presses Universitaires de Lyon, 1981.

[11] MALINVAUD E., *Sur les statistiques de l'emploi et du chômage*, La Documentation française, juillet 1986.

[12] DOSS R.G., DUPRE M.T., MEHRAN F., « La promotion de l'emploi et la mesure statistique du chômage » *Revue internationale du travail*, janvier 1988.

[13] MERLE V., « Les nouvelles formes d'emploi en France », *Travail et emploi*, 1989.

[14] DE GRAZIA R., *Le Travail clandestin*, BIT, Genève, 1983.

[15] COHEN-SKALLI B., LASKAR D., « Fonctions d'emploi à court terme et cycles de productivité : un essai de synthèse », *Annales de l'INSEE*, avril-sept. 1980.

[16] EYMARD-DUVERNAY F., SALAIS R., « Une analyse des liens entre l'emploi et le chômage », *Economie et Statistique*, juillet-août 1975.

Chapitre II

[17] THELOT C., « Les traits majeurs du chômage depuis vingt ans », *Economie et Statistique*, décembre 1985.

[18] « L'entrée des jeunes dans la vie active », *Économie et statistique*, déc. 1988.

[19] « L'entrée des jeunes dans la vie active », *Économie et Statistique*, déc. 1988.

[20] GAMBIER D., SZPIRO D., « Une analyse comparative des structures de chômage en Europe », *Observations et Diagnostics économiques*, Revue de l'OFCE, oct. 1982.

[21] OCDE, *Perspectives de l'emploi*, Paris, publication annuelle depuis 1983.

Chapitre III — Section 1

[22] SALAIS R., « Le chômage : un phénomène de file d'attente », *Economie et Statistique*, juillet 1980.

[23] VOISIN M.-J., « Les difficultés d'insertion des chômeurs », *Économie et statistique*, avril 1989.

[24] SAGLIETTI C., « Chômage et chômages : les 14 mois suivant la perte d'un emploi », *Economie et Statistique*, mai 1983.

[25] « Le chômage de longue durée », *Grand angle sur l'emploi* (revue de l'ANPE), n° 2, fév. 1987.

Chapitre III — Section 2

[26] LAZARSFELD P., JAHODA M., ZEISEL H., *Les Chômeurs de Marienthal*, Ed. de Minuit, 1981 (1re éd., 1932).

[27] Centre confédéral d'études économiques et sociales de la CGT, *Chômage et Santé*, Rapport, ATP du CNRS, 1980.

[28] SCHNAPPER D., *L'Epreuve du chômage*, Gallimard, coll. « Idées », 1981.

[29] BALAZS G., « Les facteurs et les formes de l'expérience du chômage », *Actes de la recherche en sciences sociales*, nov. 1983.

[30] RATOUIS A., *28 mois au pays du chômage*, Nouvelle Cité, 1987.

Deuxième partie

Chapitre I

[31] GAMBIER D., *Analyse conjoncturelle du chômage*, PUF, Paris, 1978.

[32] GALIBERT A., LE DEM J., PISANI-FERRY J., « Chômage : pourquoi l'Europe ? », *Projet*, mars-avril 1986.

[33] PHELPS E., « The new micro-economics in employment and inflation theory », et « Money wage dynamics and labor market equilibrium », *Microeconomic Foundations of Employment and Inflation Theory*, Norton, New York, 1970.

[34] HINES A.G., « The micro-economic foundations of employment and inflation theory : bad old wine in elegant new bottles », WORSWICK G.D.N., (ed.), *The Concept and Measurement of Involuntary Unemployment*, Allen Unwin, Londres, 1976.

[35] SAUVY A., *La Machine et le chômage*, Dunod, Paris, 1980.

Chapitre II

[36] MALINVAUD E., *Réexamen de la théorie du chômage*, Calmann-Lévy, Paris, 1980.

[37] MALINVAUD E., *Essais sur la théorie du chômage*, Calmann-Lévy, Paris, 1983.

[38] AGLIETTA M., « Panorama sur les théories de l'emploi », *Revue économique*, janv. 1978.

[39] HERZOG P., « L'affrontement des analyses théoriques de la crise de l'emploi », *Issues*, 1er trim. 1979.

[40] THELOT C., « La croissance du chômage depuis vingt ans : interprétations macroéconomiques », *Economie et Statistique*, décembre 1985.
[41] MALINVAUD E., « Les causes de la montée du chômage en France », *Problèmes économiques*, n° 1989, 10 septembre 1986.
[42] MARCHAND O., « Emploi, offre de travail et chômage dans les principaux pays développés », *Économie et statistique*, avril 1989.
[43] GLYN A., ROWTHORN B., « West European Unemployment : Corporatism and Structural Change », *American Economic Review*, mai 1988.

Troisième partie

Chapitre I

[44] *Comptes de l'emploi et de la formation professionnelle*, La Documentation française, mises à jour périodiques.
[45] CALCOEN F., EECKHOUDT L., GREINER D., *Indemnisation du chômage : une comparaison internationale*, La Documentation française, juillet 1988.
[46] « L'indemnisation et le financement du chômage dans les pays de la Communauté économique européenne », *Bulletin de liaison de l'UNEDIC*, mars 1988.
[47] FROSSARD M., « Crise et cessations anticipées d'activité : une comparaison internationale », *Travail et Emploi*, avril-juin 1983.
[48] SCHMID G., « Les systèmes de financement des politiques d'emploi : une comparaison internationale », *Travail et Emploi*, juin-sept. 1988.
[49] HOLLISTER R.G., FREEDMAN D.H., « Les programmes spéciaux d'emploi dans les pays de l'OCDE », *Revue internationale du travail*, mars 1988.

Chapitre II

[50] COLIN J.F., CROS J.C., VERDIER E., WELCOMME D., « Politiques d'emploi : la rupture de 1977 », *Travail et Emploi*, oct.-déc. 1981.
[51] BOUILLAGUET P., « Évolution des politiques de l'emploi en France », in *France-Allemagne : débats sur l'emploi*, Syros, 1987.

[52] GERLACH K., PETERS W., SENGENBERGER W. (ed.), *Public Policy to Combat Unemployment in a Period of Economic Stagnation*, Campus Verlag, Frankfurt/New York, 1984.
[53] DALLE F., BOUNINE J., *Pour développer l'emploi*, Éd. Massan, 1987.
[54] FAYOLLE J., SALAIS, R., *Objectif emploi*, Ed. Sociales, Paris, 1984.
[55] HENIN P.-Y., « Pour l'emploi : que préconisent les économistes ? », *Projet*, mars-avril 1986.

Table

DEUXIÈME PARTIE : L'AFFRONTEMENT DES THÉORIES

TROISIÈME PARTIE : LES LIMITES DES POLITIQUES

Composition Facompo, Lisieux (Calvados)
Achevé d'imprimer en septembre 1989
sur les presses de l'imprimerie Carlo Descamps,
Condé-sur-l'Escaut (Nord)
Dépôt légal : septembre 1989
Numéro d'imprimeur : 5938
Quatrième tirage : 18 000 à 23 000 exemplaires
ISBN 2-7071-1478-2